# *La*
# NATURALEZA
## *del*
# LIDERAZGO

T0321851

# La  NATURALEZA del LIDERAZGO

## B. JOSEPH WHITE
### *con* YARON PRYWES

**GRUPO NELSON**
Una división de Thomas Nelson Publishers
*Desde 1798*

NASHVILLE   DALLAS   MÉXICO DF.   RÍO DE JANEIRO

© 2010 por B. Joseph White
Publicado en Nashville, Tennessee, Estados Unidos de América.
Grupo Nelson, Inc. es una subsidiaria que pertenece
completamente a Thomas Nelson, Inc.
Grupo Nelson es una marca registrada de Thomas Nelson, Inc.
www.gruponelson.com

Título en inglés: *The Nature of Leadership: Reptiles, Mammals, and the Challenge of Becoming a Great Leader*
Copyright © 2007 B. Joseph White
Published by AMACOM, a division of the
American Management Association, International, New York.
All rights reserved.

Traducción: *Rolando Cartaya*
Adaptación del diseño al español: *Grupo Nivel Uno, Inc.*

ISBN: 978-1-60255-290-6

*Impreso en Estados Unidos de América*

10 11 12 13 14 BTY 9 8 7 6 5 4 3 2 1

*A mi esposa, Mary:*
*El amor de mi vida y la gran líder de nuestra familia.*

# CONTENIDO

# PRÓLOGO

P ocos fenómenos sociales son tan antiguos, reconocidos, importantes y malentendidos como el liderazgo. Su importancia es evidente a lo largo de todo el registro de la historia humana. De Moisés a Gandhi y a Nelson Mandela, los líderes han transformado las sociedades. Pero si bien el estudio de los líderes y el liderazgo tienen una antigua tradición, comprender *cómo se convierte uno en líder* sigue siendo una cuestión elusiva. Para poder ayudar a las personas a forjar de manera consciente su liderazgo potencial latente, tenemos que ir más allá de rasgos y atributos como el estilo y los valores personales, la valentía y la pasión. Con este libro, Joe White ha asumido la difícil tarea de articular *la sustancia y la medida* del liderazgo, la verdadera alma de este complejo fenómeno. Y ha cosechado un éxito rotundo.

Joe cuenta con más de veinticinco años de experiencia como académico y líder de grandes instituciones educativas, como gerente industrial y de servicios financieros, y como miembro de varias juntas directivas, lo cual le ha facilitado numerosas oportunidades para ejercer el liderazgo y reflexionar sobre él. Esta combinación de *hacedor* y *pensador* le confiere una posición aventajada desde la que puede ofrecernos una nueva perspectiva. El mensaje central de este libro es claro y profundo. La capacidad para concentrarse en los *principales asuntos económicos y de desempeño* y ser al mismo tiempo *sensible a las dimensiones sociales del liderazgo* —la «sangre fría» de los reptiles y el «calor y cuidado» de los mamíferos— subyace en la médula del liderazgo. Los líderes aprenden a ejecutar impecablemente y al mismo tiempo a motivar a través de la fascinante visión que conciben para su organización; a ser eficientes y también innovadores, *combinando así armoniosamente* capacidades, en apariencia, contradictorias. En su quintaesencia, el liderazgo tiene que ver con el cambio y la transformación. El status quo no es más que una señal de fracaso.

El éxito de Joe no consiste solamente en ofrecer una nueva y espléndida hoja de ruta para el desarrollo personal de aquellos que desean liderar, sino también en entretejer inteligentemente conceptos, ejemplos tomados de su propia experiencia, y un estilo coloquial que hace estas lecciones accesibles para todos. Su entusiasmo y sus experiencias nos inspiran. Al romper el mito de la cuna dorada, las credenciales académicas y los privilegios económicos como prerrequisitos del liderazgo, lo ha *democratizado*. «Sí, usted sí puede», es su mensaje.

*La naturaleza del liderazgo* fija una nueva norma para comunicar ideas complejas. Espero que millones de personas, especialmente jóvenes, se beneficien al convertir este libro en un mapa para desarrollarse como líderes.

**C. K. Prahalad**
Paul y Ruth McCracken distinguido
profesor universitario de Estrategia Corporativa
Escuela de Negocios Stephen M. Ross
Universidad de Michigan

# Conviértase en un líder, en un mejor líder, en un gran líder

**H**e escrito este libro para ustedes: los líderes actuales y futuros en todas partes del mundo. Mi mensaje es que, cualquiera que sea su punto de partida, usted se puede convertir en un líder, en un mejor líder y quizá hasta en un gran líder.

Pero existen requisitos y condiciones. Ninguna gran conquista llega sin esfuerzo y, por lo menos, un poquitín de buena suerte. A usted le corresponde hacer su parte, y ese es el propósito de este libro: ayudarle a emplazarse y desarrollarse de modo que pueda tener la oportunidad de convertirse en un gran líder.

El liderazgo no es cosa de poca monta. Si aspiramos a contar con un gran liderazgo necesitamos a personas como usted, a los mejores y más brillantes. El futuro del mundo, tal como se labra día a día, en decenas de miles de centros de trabajo y en millones de decisiones individuales e interacciones personales, depende de quiénes dirigen. Las directivas establecidas por los líderes, los resultados que ellos logran y los valores y el tono que imprimen a sus respectivas organizaciones tienen un profundo efecto en la calidad de nuestro mundo y en nuestras vidas individuales.

En el arte de liderar, como en el de la música o la actuación, nada puede sustituir al aprender haciendo. Pero pueden servir de ayuda un mapa mental del terreno del liderazgo y las instrucciones de alguien con experiencia en la manera de atravesarlo exitosamente. Este libro pretende ser para usted ese mapa. Espero que pueda contribuir significativamente a su crecimiento, desarrollo, efectividad y éxito.

Si puedo ser su guía es porque emprendí ese viaje del liderazgo, que continúo desde mi posición como presidente de la Universidad de Illinois. Este alto centro de estudios tiene sedes en Chicago, Urbana-Champaign, y Springfield. También cuenta con veintiocho mil docentes y personal de apoyo; setenta mil estudiantes, medio millón de ex alumnos y un presupuesto anual de cerca de cuatro mil millones de dólares. Desde que fui nombrado presidente de la universidad, el 31 de enero de 2005, he reflexionado profundamente en torno a todo lo que aprendí sobre el liderazgo, mientras me esfuerzo por hacer de una gran institución otra todavía mejor en los años por venir. Es un desafío, pues la Universidad de Illinois tiene un distinguido historial académico (nuestros catedráticos y ex alumnos han recibido veintiún premios Nobel), así como cultural y atlético.

Afortunadamente, he acumulado bastante experiencia de donde beber. En los últimos treinta años he estudiado y practicado el liderazgo como profesor, decano, ejecutivo empresarial y director o fideicomisario de importantes compañías públicas y privadas e instituciones de salud. También he tenido la oportunidad de compartir personalmente con algunos de los más famosos líderes mundiales, entre ellos Steve Jobs, el arzobispo Desmond Tutu, Herb Kelleher de Southwest Airlines, la ex secretaria de Estado Madeleine Albright y muchos más. Ahora, deseo compartir con ustedes las lecciones que he aprendido sobre el liderazgo.

He escrito este libro no solamente para líderes presentes y aspirantes a líderes. También para aquellos de ustedes que tienen la responsabilidad de identificar, contratar, desarrollar, evaluar y a veces despedir líderes. Me refiero a ustedes, directores, asociados y gerentes principales de compañías y otras organizaciones; ejecutivos que manejan recursos humanos, responsables de desarrollar el personal de dirección; electores que votan por presidentes, gobernadores y alcaldes. Ustedes desempeñan un papel clave al decidir quiénes deben estar a cargo en el mundo, a quiénes les confiamos nuestras organizaciones e instituciones, y a quiénes les asignamos los grandes privilegios y las serias responsabilidades del liderazgo.

## CONDICIONES NECESARIAS Y SUFICIENTES PARA UN GRAN LIDERAZGO

A lo largo de los años me han hecho una y otra vez esta pregunta: «¿Qué es lo que se necesita para liderar con éxito?». Mi respuesta breve siempre ha sido: «Solamente tres cosas. Una, establecer aspiraciones elevadas para su organización. Dos, reclutar a un excelente personal. Y tres, ir cada día al trabajo con mucha energía y entusiasmo».

Esa es una buena respuesta, pero está incompleta. Este libro pretende ofrecerle una mucho mejor.

El llamado al liderazgo es noble y puede proporcionarnos grandes recompensas. Tal como lo he experimentado, es también divertido y apremiante, como deseo que sea este libro, y por eso he decidido organizarlo en torno a algo que siempre dibuja una sonrisa en mi rostro: los animales.

Le voy a presentar el liderazgo desde la óptica de los reptiles y la de los mamíferos. Estas metáforas nos ayudarán a visualizar la enorme variedad de desafíos que afrontan los líderes y cómo encararlos de manera efectiva.

El liderazgo precisa del concurso del cerebro, como también del corazón. Es a la vez analítico e interpersonal. Poseer la tesitura y el repertorio para comportarse a veces con sangre fría, razonamiento puro y determinación; y otras, con sangre caliente, compasión y espíritu participativo, así como saber cuándo corresponde uno u otro enfoque, representa un enorme reto personal, comparable a correr la maratón o aprender a tocar bien el violín. O para ser más preciso, correr la maratón *y* tocar bien el violín.

Para llegar a ser un *buen* líder usted tiene que ser tan duro como el acero (a lo que llamo excelencia de los reptiles) y tan cálido como pan tostado (excelencia de los mamíferos). Sin embargo, dominar ambas clases de excelencia es condición necesaria, pero no suficiente, para ser un *gran* líder.

Y entonces, ¿cuál es la condición suficiente? Le adelantaré la respuesta. Para ser un *gran* líder usted tendrá que ser capaz de realizar *cambios exitosos*, cambios importantes y trascendentales, en los resultados que estén bajo su responsabilidad. Realizar cambios con éxito es el mayor desafío de un líder.

No fue accidental que los más grandes presidentes de Estados Unidos —Washington, Lincoln y Roosevelt— condujeran y ganaran guerras que produjeron cambios sustanciales y positivos: el nacimiento de una nación, la abolición de la esclavitud y la derrota de una tiranía. Para ser un gran líder, usted precisará excelentes resultados —tendrá que vencer—, y esos resultados tendrán que producir cambios de gran envergadura así como consecuencias.

Así, recordamos a Jack Welch, ex presidente de la junta directiva de General Electric (y graduado de la Universidad de Illinois), como un gran creador de valores. Pensamos en Steve Jobs como un tremendo innovador de productos para nosotros tan importantes como las computadoras Macintosh, los iPods y los estudios de dibujos animados Pixar. Admiramos a una persona como Wendy Kopp, fundadora de Teach for America, porque combinó las ambiciones idealistas de miles de jóvenes graduados universitarios y la necesidad desesperada de una mejor educación entre los niños menos privilegiados de Estados Unidos. Nos inspiramos en el arzobispo Desmond Tutu por su papel co-protagonista, con Nelson Mandela, en la gestión de un final incruento para el apartheid en Sudáfrica, una magnífica conquista moral y política.

Existen además otros millares de grandes líderes a los que no conocemos. Son aquellos, a quienes considero héroes, capaces de revertir los bajos rendimientos de una escuela o de un aula, o de encabezar a un colectivo de trabajo en cualquier organización hacia un nivel superior de rendimiento y orgullo.

Para ilustrarlo, permítame contarle acerca de un gran líder, de quien quizá nunca oyó hablar, aunque dirige una organización que seguramente sí ha escuchado mencionar. Su nombre es Mannie Jackson y es el gerente de los Trotamundos de Harlem.

## LA HISTORIA DE MANNIE JACKSON

Conozco la historia de Mannie Jackson porque también se graduó de la Universidad de Illinois. Es una de las personas más inspiradoras que he conocido. Me contó su historia hace poco, durante un largo almuerzo que nunca olvidaré en Phoenix, Arizona.

Mannie es un afroamericano que se crió entre los años cuarenta y cincuenta en un villorrio del sur de Illinois. Su padre trabajaba en la industria del automóvil. Mannie era un buen estudiante y había sido estrella del básquet preuniversitario. Con esos antecedentes llegó a mediados de los años cincuenta a la Universidad de Illinois, filial de Urbana-Champaign, para estudiar y convertirse en uno de los primeros basquetbolistas negros que pisaron ese recinto universitario. Se destacó como estudiante y atleta, y en su último año sirvió como subcapitán del equipo de baloncesto Fighting Illini.

Durante nuestro almuerzo, Mannie me aseguró que la Universidad de Illinois le abrió las puertas al mundo y a la vida del deportista de alto rendimiento.

Después de graduarse, Mannie Jackson jugó básquet durante año y medio para los Trotamundos de Harlem y su famoso propietario, Abe Saperstein. Mannie me contó que Abe le tomó bajo su amparo, y puesto que ante sus ojos Saperstein es el más grande de los promotores deportivos, aprendió mucho sobre el negocio de los Trotamundos.

Mannie comenzó luego una exitosa carrera de treinta años con la empresa Honeywell, Inc. en Minneapolis. Como alto ejecutivo de una importante compañía, aprendió mercadeo, operaciones, finanzas y dirección general. Luego, a principios de los años noventa, a una edad cuando muchos de sus colegas ya se estaban jubilando para jugar al golf en Florida, Mannie Jackson hizo algo diferente. Renunció a Honeywell y compró los Trotamundos de Harlem, el equipo para el cual había jugado (historias como esta sólo se dan en Estados Unidos ¿cierto?).

Ocho años después, Mannie escribió sobre la experiencia de adquirir, poseer y rescatar a los Trotamundos, en un artículo publicado por *Harvard Business Review* y titulado «Bringing a Dying Brand Back to Life» [Cómo resucitar una marca moribunda]. Eso eran los Trotamundos de Harlem cuando Mannie los compró. Corrió un gran riesgo, concibió la manera de devolverle la gloria al equipo, y luego se entregó a la difícil tarea de lograrlo. Articuló una estrategia y un plan, reclutó al personal idóneo para que trabajara con él y luego sudó la camiseta durante una década para ejecutar su plan y revertir el declive de la organización. Y obtuvo un éxito rotundo.

Lo que Mannie Jackson hizo es lo que hacen todos los grandes líderes: identifican una necesidad u oportunidad, o sencillamente desarrollan una pasión. Se arriesgan. Detectan cambios positivos y de consecuencias trascendentales, y lo que se necesita para lograrlos. Articulan un plan. Reclutan a un excelente personal para que trabaje con ellos. Y luego se dedican a trabajar duro, esperanzados, y orando porque les impulse alguna brisa a sus espaldas. Celebran las victorias cuando ocurren y, cuando llega la adversidad, la vencen. Miden su éxito por el cambio realizado y los resultados obtenidos, que deben ser robustos a lo largo de un período sostenido.

En eso consiste un gran liderazgo.

## CÓMO UTILIZAR ESTE LIBRO
## PARA CONVERTIRSE EN UN GRAN LÍDER

Ahora ya sabe usted lo que significa *ser* un gran líder. Pero todavía no conoce el secreto que le permitirá *convertirse* en uno. Ese es el propósito de este libro: ayudarle a emplazarse y prepararse para que tenga la oportunidad de convertirse en un gran líder.

¿Y cómo transitará usted desde su punto de partida —cualquiera que este sea— hasta ser un triunfador en la lotería del liderazgo? ¿Y cómo puede valerse de este libro para alcanzar esa meta?

Tendrá que dar tres pasos importantes:

- Recuerde que existe una diferencia entre el liderazgo y la dirección.

- Hágase estas preguntas y contéstelas: ¿Realmente puedo desarrollarme para llegar a ser un gran líder? ¿Tendré oportunidad de servir como tal?

- Impóngase el desafío de escalar la pirámide del liderazgo.

*Recuerde que existe una diferencia entre el liderazgo y la dirección.* Liderar no es lo mismo que dirigir, ni ser un buen gerente garantiza necesariamente el éxito como líder. La dirección consiste fundamentalmente en *orden y control*. La esencia del liderazgo, mientras tanto, es *alcanzar metas y realizar cambios*.

Una vez participé en una junta directiva en la cual estábamos discutiendo sobre un miembro de la alta dirección que, aunque se desenvolvía bien, nos dejaba con ganas de más. Era un tipo competente, bien organizado, atento, esforzado, honesto y en pleno control. «¿Y qué más querían?», se preguntará usted. Otro de los directores lo formuló perfectamente: «Es un buen gerente, ¿pero podrá convertirse en líder?».

La gerencia demanda planificación, organización, dirección y control. Estas funciones son vitales para el bienestar de una organización, ya que aportan a sus actores un libreto, dirección y retroalimentación. Pero esas funciones gerenciales no asegurarán por sí mismas un excelente rendimiento de la organización, como tampoco el libreto, los papeles, la dirección de actores y la retroalimentación pueden cubrir la diferencia entre una puesta en escena de

*West Side Story* interpretada por estudiantes de bachillerato y una excelente reposición de ese espectáculo en Broadway.

El liderazgo requiere, por otra parte, talento natural, habilidades desarrolladas y cualidades efímeras, pero imprescindibles, como visión, inspiración, imaginación, innovación, disposición a asumir riesgos, perspectiva, pasión, entusiasmo y química con los demás. Aunque es posible desarrollar tanto las habilidades del liderazgo como las de la dirección, creo que son mucho mayores las probabilidades de desarrollar capacidades gerenciales aceptables en líderes en potencia (o en su lugar, rodear de directores capaces a líderes inspiradores) que las de intentar desarrollar una profunda capacidad de liderazgo en directores competentes.

No obstante, considerando la naturaleza gemela del liderazgo y la dirección, y el hecho de que ambas capacidades pueden hasta cierto punto desarrollarse, es importante evaluar cuidadosamente si las deficiencias de un individuo se enmarcan más en el campo del liderazgo o de la dirección, y qué esfuerzos por desarrollarlas tienen probabilidades de ser coronados por el éxito.


Pregúntese: *¿Realmente puedo desarrollarme como un gran líder? ¿Tendré la oportunidad de servir como tal?* Permítame ofrecerle las respuestas. Es muy probable que sean estas: «Sí, si realmente lo desea», y «Sí».

Tomemos primero, considerando su sencillez, la segunda pregunta. El mundo padece una escasez crónica de personas con capacidad extraordinaria para el liderazgo. Lo sé porque me he encontrado frecuentemente y por mucho tiempo del lado de la demanda de esta ecuación. Desde mi punto de vista, existe una alta demanda de líderes excelentes. Mientras que los jóvenes se preguntan, comprensiblemente preocupados: «¿Podré encontrar empleo?», la pregunta que se hacen personas más maduras como los ejecutivos y los miembros de directorios y de comités de búsqueda es: «¿Por qué no existen más candidatos portentosos entre los cuales escoger al próximo ejecutivo principal, o jefe de departamento, o director técnico de un equipo? ¿Por qué tenemos que ceder nosotros más de lo que quisiéramos?».

Le apuesto a que usted ha pasado por esta experiencia. ¿No ha repasado alguna vez la lista de candidatos para el cargo más poderoso del mundo, el de presidente de Estados Unidos, y se ha preguntado: «¿Es que no tenemos nada mejor?».

A lo largo de los años he aprendido que la gente inteligente abunda. También hay mucha gente bien educada y con currículos que parecen buenos. Pero confrontamos una grave escasez de personas altamente efectivas en la práctica del liderazgo, gente capaz de implementar cambios positivos y trascendentes inspirándonos y movilizándonos; personas de probada integridad que hagan sus compromisos cuidadosamente y que los cumplan con fidelidad; individuos severos e inteligentes, y al mismo tiempo cálidos y considerados. Es a este tipo de persona al que quisiéramos encomendarnos, confiarle nuestras organizaciones, nuestros hijos, nuestro futuro. Pero no existen muchos, ¡y es justamente en esa escasez donde dormita la oportunidad para usted!

Ya le mostré mi respuesta a la pregunta de si usted es capaz de desarrollarse para convertirse en un gran líder: «Sí, si *realmente* lo desea». He aquí algunas ideas que someto a su consideración mientras toma su decisión.

Hay una alternativa clave en su carrera que tendrá que afrontar algunas veces en su vida y que, o bien le pondrá en el bombo de la lotería del liderazgo o le sacará de él. Consiste en determinar si trabajará principalmente como un *individuo contribuyente* o como *líder de otros*. Para convertirse en un gran líder, el requisito básico consiste en optar —en algún momento— por el trabajo de liderazgo en lugar, o además, de desempeñarse como contribuyente individual.

Algunos se impacientan esperando esa oportunidad, se mueren por estar en un puesto de autoridad. Otros no lo consideran ni en sueños; aman su especialidad y no desean las distracciones y los embrollos de la supervisión, la gerencia y el liderazgo. (Esta es la razón por la que los decanos y jefes de departamento recién nombrados en las universidades reciben mensajes de condolencia, junto con las felicitaciones, de aquellos compañeros de cátedra que han optado por permanecer como contribuyentes individuales.) Pero usted no puede encabezar la carrera del liderazgo a menos que esté corriendo sobre esa pista. Y aunque es cierto que las personas pueden ejercer el liderazgo en cualquier capacidad y nivel, en este libro me enfocaré en aquellos que desempeñan *formalmente* cargos de líderes: supervisores, gerentes y ejecutivos.

Después de que usted haya contemplado la opción de convertirse en líder y se haya decidido por ella, encontrará que hay ciertas cosas para las que tiene talentos naturales. Tal vez sus puntos fuertes consistan en fijar metas y ofrecer dirección, o en reclutar y motivar a las personas, o en analizar y resolver problemas, o en comportarse con firmeza y determinación en situaciones difíciles. Llegará a ser conocido por aquellas cosas que sabe hacer bien, y las hará con frecuencia. Esto es positivo, pero también negativo. Porque inevitablemente habrá cosas que un líder plenamente desarrollado necesita hacer y que no figuran entre sus talentos naturales. Únicamente si aprende a reconocerlas y a «jugar con su debilidad», como acostumbran a decir los deportistas, tendrá la oportunidad de convertirse en un líder integral. Y la integridad es una condición previa para ser un gran líder.

## Los líderes: ¿nacen o se hacen?

Un interesante proyecto de investigación dedicado a estudiar mellizos idénticos pero criados por separado sugiere que existe un componente genético del potencial para el liderazgo.[1] No obstante, le corresponde a usted sacar el máximo partido de sus talentos para liderar.

*Rétese a usted mismo a escalar la pirámide del liderazgo.* En el capítulo 3 presento la pirámide del liderazgo como una manera sencilla de organizar su peregrinación en pos de un gran liderazgo. En la base de la pirámide se encuentran los requisitos básicos. Usted no se califica para convertirse en un gran líder a menos que realmente anhele estar a cargo y cuente con la habilidad, la fuerza y el carácter requeridos.

En el siguiente nivel de la pirámide necesita dominar los requisitos del liderazgo característicos de los reptiles y de los mamíferos. En la cúspide de la pirámide le espera el desafío de implementar cambios: ser innovador, asumir riesgos, reclutar un excelente equipo, mantener la perspectiva y desarrollar ese «extra» personal que distingue del resto de los mortales a los grandes líderes.

Los líderes son personas de alto rendimiento. Aman los retos y rara vez ven una montaña que no quieran escalar. No es una coincidencia que a la mayoría de los líderes les fascinen las competiciones de todo tipo (¿por qué otra razón comprarían planteles deportivos profesionales los empresarios de éxito?) y se sientan atraídos por varias formas de mejora personal, desde practicar disciplinas atléticas hasta coleccionar obras de arte o aprender a tocar el piano.

Para tales personas (y espero que usted sea una de ellas), la pirámide del liderazgo representa un formidable desafío en relación con su desarrollo. Es posible escalar hasta la cúspide, pero nunca se llega al dominio absoluto. Siempre hay algo más que aprender. Cuando pensaba que lo sabía todo sobre determinado elemento de la pirámide —dominar a la perfección sus cifras, o comunicarse bien, o desarrollar una «vista de helicóptero»—, algún comentario o alguna experiencia le recuerda que no es tan perfecto como creía. No es posible saberlo todo y saberlo bien. Y por supuesto, a lo largo de su vida profesional tendrá que afrontar el reto de aplicar sus habilidades para el liderazgo a situaciones nuevas y cambiantes.

## CÓMO UTILIZAR SU VIDA PARA CONVERTIRSE EN UN GRAN LÍDER

La pirámide del liderazgo identifica una amplia gama de talentos y habilidades que usted debe desarrollar para tener la oportunidad de llegar a ser un gran líder. Pero no bastará con que lea sobre ellas, más de lo que bastarían para un recital o una carrera lecturas sobre cómo tocar el violín o cómo correr la maratón. Tendrá que ir probando, tendrá que escuchar y observar a otros, y tendrá que practicar, practicar y practicar. En eso consiste todo el desarrollo profesional: en ir de la comprensión conceptual al dominio práctico. ¿Cómo se hace? No existe una respuesta simple, pero he aquí algunas ideas útiles.

En primer lugar, debe abrirse a la crítica y buscar comentarios francos de aquellos que mejor le conocen. Unos meses después de que yo asumiera mi primer cargo de líder como oficial de Cummins Engine Company, un colega entró a mi oficina, cerró la puerta y me dijo: «Te he estado observando en las reuniones. Me parece que te incomoda mucho el conflicto. Siempre estás tratando de arreglar las cosas o de remediarlas, por lo general prematuramente. Debes acostumbrarte al conflicto y aprender a afrontarlo. De lo contrario, mejor abandona la lucha ya». ¡Excelente consejo! Me puse a trabajar en ello, y ya hace muchos años que soy capaz de afrontar sin encogerme las más difíciles situaciones de conflicto. En efecto, si creo que vale la pena, yo mismo revuelvo el conflicto.

En segundo lugar, busque una buena organización donde trabajar y un excelente jefe con quien trabajar. Aprendemos a liderar observando y practicando. Y aprender de los mejores durante todo el día, todos los días, es la mejor manera de hacerlo. He admirado y tratado de incorporar a mi enfoque muchas cualidades que encontré en mis antiguos jefes, colegas y otros asociados. Me han maravillado las conquistas innovadoras de Madeleine Albright, la creatividad y el sentido estético de Steve Jobs, el humor y el amor por la gente de Herb Kelleher, y el carisma y la santidad de Desmond Tutu. Observar a estas personas con sus admirables cualidades ha contribuido a mi propio crecimiento como líder.

Por cierto, aunque es vital aprender de los buenos jefes en las organizaciones de calidad, es posible que, como sucedió en mi caso, usted pase algún tiempo en organizaciones desastrosas y trabajando para jefes insufribles. No importa: ¡se puede aprender mucho sobre lo que uno desea ser cuando se tiene una meridiana claridad de lo que *no* se desea ser! Yo caí en crisis con un jefe cuando me dijo que la única manera de motivar a las personas era mediante el miedo y la intimidación, ¡y procedió a reprenderme por haber almorzado con mi esposa en un día de trabajo! (Luego me di cuenta de que sólo me estaba dando un motivo para que renunciara.)

También es posible aprender mucho cuando los fracasos de un líder son visibles. Por ejemplo, ¿ha habido algún presidente de Estados Unidos que haya derrochado más talento natural y oportunidades que Bill Clinton, que cavó el hoyo de su propia desgracia con su falta de integridad y autodisciplina? ¿Habrán aprendido los líderes en la derrota de George H. W. Bush ante Bill Clinton que no se deben hacer promesas importantes («no subiré los impuestos») para luego no cumplirlas?

No olvidemos que en el mundo empresarial entre un treinta y un cincuenta por ciento de los ejecutivos principales son despedidos prematuramente.[2] ¿No le parece interesante que los investigadores hayan descubierto que la diferencia clave entre los ejecutivos exitosos y los que se quedan por el camino es la capacidad para aprender de la experiencia, incluidos los errores y fracasos?[3]

Por último, necesita aprender tanto como le sea posible sobre lo que yo denomino el juego del liderazgo. Necesita afrontar una variedad de situaciones: tener una gran ventaja, estar en desventaja; tratar con diversos tipos de compañeros de equipo y oponentes; jugar en diferentes condiciones climáticas (su oficina, ¿es tormentosa o soleada?); determinar cómo tener un buen plan de juego y llevarlo impecablemente a la práctica. Conocer en qué situación se encuentra como líder, y contar con conocimiento e instintos bien desarrollados sobre la manera idónea de manejar dicha situación pueden contribuir enormemente a su eficacia.

---

### ¿Sabía usted que...?

Unas tres cuartas partes de los empleados (entre el sesenta y cinco y setenta y cinco por ciento) dicen que el aspecto peor y más estresante de su trabajo es su relación con su jefe inmediato. Las quejas incluyen la incapacidad del jefe para tomar decisiones y afrontar conflictos, y su tendencia a tiranizar a sus subordinados (por ejemplo: «El gerente quiere supervisarlo todo», o «Me trata como a un estúpido»).[4]

---

J. Irwin Miller, que convirtió Cummins Engine Company, una pequeña compañía en Columbus, Indiana, en el mayor fabricante mundial de motores diesel, acostumbraba a decir de nosotros los supervisores: «Si los obreros en la planta no entienden lo que ustedes dicen, ¡entonces son *ustedes* los que no saben de qué están hablando!». Irwin era un maestro de las oraciones cortas, el lenguaje llano y los ejemplos gráficos. Su claridad para comunicarse es la norma que me guía al escribir este libro.

Comencemos.

# Reptiles contra mamíferos

L as dicotomías están profundamente arraigadas en el pensamiento y en toda clase de tradiciones humanas. Nos encanta pensar y hablar en blanco y negro. Las mujeres son de Venus, los hombres, de Marte. Liberales contra conservadores. Main Street y Wall Street. El bien contra el mal. Duro y blando. Nosotros y ellos. Yin y yang. ¿Necesita más ejemplos? ¿Qué tal interno frente a externo, estabilidad frente a cambio, libertad y control?

Considere la política: ¿Es el gobierno el problema o la solución? ¿Incrementa una guerra preventiva nuestra seguridad o la reduce? Considere la religión: las ramas inclusivas, ecuménicas, dispuestas al cambio del cristianismo, el judaísmo y el islam, frente a las ramas exclusivas, aislacionistas y conservadoras de cada fe. Incluso en la corriente dominante de las instituciones existen dualidades, y esfuerzos por conciliarlas. Fíjese en los esfuerzos centristas del Consejo del Liderazgo Demócrata bajo el gobierno de Bill Clinton («conservador en lo fiscal, progresista en lo social») y el «conservadurismo compasivo» de George W. Bush.

## LAS DICOTOMÍAS EN EL MUNDO LABORAL

Todavía estudiaba en la Escuela de Negocios de la Universidad de Harvard cuando encontré por primera vez una dicotomía en el mundo del liderazgo y la administración: la teoría X y la teoría Y. Esta fue la fórmula planteada en los años cincuenta por Douglas McGregor en un libro titulado *El lado humano de las empresas*. En síntesis, McGregor afirmaba que si los directivos creen que sus empleados son fundamentalmente holgazanes, deshonestos y poco confiables, tratarán de motivar y dirigir a través del miedo, la intimidación y el control (teoría X).

Si, como contraste, creen que su personal es en esencia esforzado, honorable y confiable, entonces dirigirán y motivarán por medio del respeto, la participación y la delegación de tareas (teoría Y).

Este concepto acerca de cómo influyen las filosofías de los gerentes en la manera en que tratan al personal me intrigó. Por supuesto, de inmediato me asaltaron las dudas, como el hecho de que algunos empleados son santos y otros bribones, o de que ambas condiciones pueden alternarse en una misma persona. Pero estos matices podían esperar.

Mi siguiente exposición a las dicotomías en la gerencia fue de la mano de Frederick Herzberg, un catedrático de la Universidad Case Western que creó la «Teoría de la higiene y los motivadores».

Basándose en investigaciones que había hecho en varios centros laborales, Herzberg sostenía que hay un conjunto de cosas importantes para los trabajadores en dichos centros, como la estabilidad, el salario y las condiciones laborales (Herzberg los denominaba factores de «higiene»). Cuando son deficientes, el personal se siente *insatisfecho*. Pero incluso si la administración fuera capaz de ofrecer altos estándares en relación con esos indicadores, apenas significaría que los trabajadores *no están insatisfechos*, y no que se sienten muy *satisfechos*, ni tampoco —lo que es más importante— motivados para hacer un trabajo excelente. Según Herzberg, la satisfacción y la motivación demandan otra serie de factores a los que denominó «motivadores», en particular un buen liderazgo, un trabajo que les presente retos, y el debido reconocimiento.

Esta obra de Herzberg fue víctima de un amplio descrédito en los años posteriores a su publicación, por parte de científicos que intentaban establecer y reproducir sus hallazgos. Pero a los gerentes les encantó —intuitivamente le encontraban sentido—, y a mí me ha resultado útil y, por lo general, válida en mi experiencia como líder. Yo diría que uno puede atraer a muchas personas ofreciéndoles un buen salario y condiciones de trabajo, y que si no es capaz de hacerlo serán atraídos por otros. Pero se requiere más para obtener del personal lo mejor. Es preciso un liderazgo que puedan admirar, un contenido de trabajo que les haga crecer y desarrollarse, así como que se les muestren gratitud y reconocimiento por sus logros (especialmente por parte del líder).

Uno de los más conocidos modelos de trabajo sobre las dicotomías en el liderazgo es la «Tabla de Liderazgo de Blake y Mouton»,[1] que se muestra en la figura 2-1.

Figura 2-1. Una popular dicotomía del liderazgo: personal frente a producción.

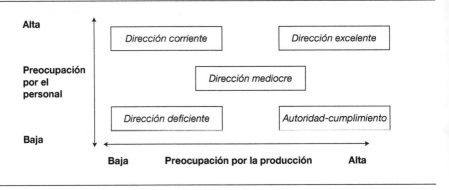

Fuente: Robert R. Blake y Anne A. McCanse, Leadership Dilemmas-Grid Solutions(Houston: Gulf Pub. Co., 1991).

¿Por qué nos atraen tanto las dicotomías? Creo que es principalmente porque nos ayudan a simplificar un mundo enredado y complicado haciéndolo más comprensible y «discutible». Por ejemplo, Melanie Klein, sicoanalista de los años veinte, introdujo el concepto de «splitting» o polarización, el mecanismo sicológico para dividir sentimientos complejos como elementos diferenciados. Ella argumentaba que, al polarizar sus emociones, los niños consiguen aliviar conflictos internos como, por ejemplo, una profunda ambivalencia hacia los padres. Comprobé personalmente esta polarización hace unos años, cuando mi hijo Brian, entonces de cinco años, nos contó a mi esposa y a mí acerca de sus dos amigos imaginarios, Ernin, un buen chico, y Sam, un malvado rapazuelo (¿Le mencioné las dicotomías?). Por espacio de un año, Brian estuvo atribuyendo su buena conducta a la influencia de Ernin y culpando a Sam por sus malas acciones. (Si le preocupa este informe sobre la psiquis de Brian, me complace informarle que ya es un hombre de treinta y dos años con una personalidad bien integrada y con hijos cuyas psiques está aún tratando de descifrar.)

Las dicotomías son, por naturaleza, simples y simplistas, útiles y desorientadoras, parcialmente válidas en el mejor de los casos, y siempre incompletas. Debemos recordar que pueden tener graves consecuencias. Por ejemplo, en manos de líderes sin escrúpulos y demagógicos el lenguaje dicotómico («nosotros contra ellos») puede abrir las puertas a la discriminación, el abuso, la tortura y aun al genocidio. Pero, utilizados de manera constructiva, esos dilemas pueden resultarnos interesantes, instruirnos y entretenernos. Pueden estimular en nosotros nuevas formas de pensar y hablar sobre asuntos familiares. Pueden ser muy útiles cuando nos ayudan a acuñar un lenguaje conveniente y que podamos recordar fácilmente... términos como «líderes reptiles» y «líderes mamíferos». Permítame aclarar a lo que me refiero.

## LOS EQUIPOS DE SOFTBOL

En los años noventa yo era decano de la Escuela de Negocios de la Universidad de Michigan. Ser decano de una de las mejores escuelas de negocios del país es un trabajo muy interesante. Uno está rodeado de catedráticos, estudiantes y personal de apoyo, en general gente inteligente e independiente. Como la tarea del decano es conseguir que todos se muevan aproximadamente en una misma dirección, hay quienes lo describen como el equivalente profesional del líder de una manada de gatos. Pero a mí nunca me lo pareció.

En lugar de ello, comprendí que tenía que tratar de entender qué es lo que motiva a cada uno, y luego apelar tanto a sus más elevadas aspiraciones colectivas («Nos proponemos ser la mejor escuela de negocios del mundo y que se nos reconozca como tal») como a las más egoístas («Nadie desea más que yo que tengas una cátedra distinguida, más colegas y un jugoso presupuesto para investigaciones pero, para que eso ocurra, tendrás que destacarte enseñando, escribiendo y sirviendo»). Tal como yo lo veía, mi trabajo era sencillo: debía ayudar a los miembros de nuestra comunidad académica a ver realizados sus sueños individuales, a cambio de que ellos nos ayudaran a hacer realidad los sueños colectivos de la escuela.

En atención a esa manera de pensar, siempre tenía la oreja pegada al suelo en busca de claves que me permitieran comprender a la comunidad y a las personas a quienes me habían encomendado dirigir. En mis primeros años como decano se me reveló una muy importante.

Cada verano, una vez que los estudiantes se hubiesen graduado o partido a sus internados, organizábamos un picnic para las cátedras, el personal de apoyo y sus familiares. Me encantaban esos paseos. Nos permitían ver a nuestros colegas profesionales bajo otro aspecto: vistiendo pantalones vaqueros y pantalones cortos, con sus hijos y perros a remolque, cálidos y relajados en un estival día de ocio, contra un bucólico telón de fondo.

El día del picnic de la escuela, las diferencias laborales se ponían a un lado. O al menos eso creía yo.

Uno de esos veranos, días después del picnic, encontré un correo electrónico que anunciaba un partido de softbol entre los catedráticos. Se enfrentarían «los reptiles contra los mamíferos». Este desafío me intrigó. Leyendo más detenidamente las alineaciones me percaté de que el capitán de los reptiles era el jefe del departamento de Contabilidad. Los mamíferos serían capitaneados por el jefe del departamento de Conducta en las organizaciones (léase «relaciones humanas»).

Resultó que los dos capitanes, Gene y Jim, habían organizado el partido y bautizado ellos mismos a los equipos. Como sospechaba, los nombres seleccionados no tenían nada de casuales. ¡Las palabras, después de todo, eran la materia prima del trabajo de las cátedras! Los reptiles estarían integrados principalmente por catedráticos especializados en economía, de modo que eran escogidos entre disciplinas tales como Contabilidad, Finanzas y Economía empresarial. Los mamíferos, en cambio, habían sido entrenados en las ciencias del comportamiento, y procedían de departamentos orientados a las relaciones humanas, como los de Conducta en las organizaciones y Mercadeo.

Como sucede con todas las dicotomías, tampoco esta era perfecta. ¿Dónde colocar a las cátedras de Derecho empresarial y Dirección de operaciones? (Probablemente con los reptiles). ¿Y dónde ubicar a los catedráticos de Comunicación y Ética empresarial? (Probablemente con los mamíferos). Pero estos son detalles secundarios.

Como decano, me pareció graciosa y en extremo lúcida la idea de enfrentar en el softbol a los reptiles contra los mamíferos. Cualquiera que supiera algo de negocios y escuelas de negocios captaba la idea inmediatamente. Se trataba de los catedráticos analíticos, orientados a las matemáticas, de ceño adusto (por no decir fríos y calculadores) contra los holísticos, orientados a la gente, de ojos cándidos (por no decir ingenuos y torpes en matemáticas). Y por supuesto, las imágenes visuales que evocan estos nombres son muy gráficas. Esto fue lo que me vino a la mente:

### Reptiles *frente a* Mamíferos

Apuesto a que le gustaría saber quién ganó el partido de softbol. Resulta que en realidad hubo dos partidos. Los reptiles ganaron el primero, 8 carreras por 3. Los mamíferos, el segundo, con anotación de 12-10. Lamento que no se puedan sacar conclusiones universales sobre el dominio de los Reptiles frente a los Mamíferos, al menos no en el softbol.

Por cierto, mientras componía la historia de los reptiles y los mamíferos descubrí la ventaja de tener como capitán de un equipo de softbol a un reptil. Gene, el profesor de contabilidad, pudo recordar inmediatamente los resultados exactos de estos anodinos juegos disputados hace ya una década. También pude constatar cómo funciona la mente de un mamífero. Jim no tenía la menor idea de cuál había sido el marcador final (ni siquiera recordaba que se disputaron dos partidos), pero sí había memorizado un aspecto humano. Él me recordó que había tenido la buena idea de reclutar para los mamíferos a nuestro decano asociado, Ted Snyder, que fuera un gran atleta de la Universidad de Chicago, donde se graduó en Economía, y era, por tanto, un reptil natural (luego Ted actuó como decano de la Escuela de Negocios para graduados del mismo centro docente).

Aquellos equipos de softbol integrados por catedráticos, bajo las banderas de los reptiles y los mamíferos, estimularon en mi mente líneas de pensamiento que aún hoy continúan desarrollándose. No es que fuera uno de esos momentos de iluminación cegadora, como en la historia bíblica de Saulo derribado por Dios en el camino a Damasco, pero para mí fue algo muy parecido.

## LA CULTURA DE LA ESCUELA DE NEGOCIOS: INGENIEROS Y POETAS

Los catedráticos de las mejores escuelas de negocios comparten un mismo currículo, similares instalaciones y estacionamientos, así como su enfoque en los negocios. Pero sus diferentes orientaciones intelectuales, con raíces en su formación doctoral, resultan en perspectivas acerca de las compañías, el personal y el mundo empresarial que no podrían ser más diversas.

Los profesores con entrenamiento económico se enfocan principalmente en el mercado, las reglas del juego competitivo, el análisis de costos y beneficios, los incentivos, los contratos vinculantes y las consecuencias inesperadas. Ellos ven las empresas como entidades económicas destinadas a maximizar las ganancias, y al personal, como actores económicos racionales. En contraste, los miembros de las facultades que han recibido un entrenamiento en otras ciencias sociales tienden a percibir las compañías como comunidades humanas. Se concentran en el individuo y el grupo, las emociones, motivaciones complejas, la comunicación, la influencia y la persuasión, y las redes de apoyo.

Existen mudas tensiones entre estos dos puntos de vista y sus defensores. Los catedráticos orientados a la economía, también conocidos como reptiles, tienden a ver a sus colegas no economistas como gente ligera, blanda, débil para el análisis, y algo ingenua. Los mamíferos de las facultades tienden a percibir a sus colegas reptiles como gente demasiado teórica, sin sentido del humor y sin contacto con la riqueza humana de la gente de carne y hueso y las organizaciones.

Existen líneas de falla paralelas en el cuerpo estudiantil: allí también se encuentran «los ingenieros y los poetas», como gustan llamarles los catedráticos. Las clases de Maestría en Administración de Negocios incluyen numerosas discusiones que nos permiten conocer bastante bien a nuestros colegas estudiantes y sus puntos de vista.

Digamos, por ejemplo, que usted tiene un caso de estudio que concierne a la cuestión de si la gerencia (usted) debe o no retener la mano de obra reclutada en una pequeña comunidad del medio Oeste americano, o conseguirla en la India. Los «ingenieros» (por ejemplo, estudiantes de ingeniería, ciencias y matemáticas) sacarán rápidamente sus cálculos y, por lo general, concluirán que se trata de una fácil decisión: el trabajo se va a Bangalore, y mientras más pronto, mejor. Mientras, los estudiantes «poetas» se sienten profundamente consternados por esta decisión e invocan todas las razones imaginables para aplazar ese día, si es posible, para siempre. Son los reptiles contra los mamíferos: los fríos, calculadores e irracionales, frente a los cálidos, preocupados y protectores.

## REPTILES Y MAMÍFEROS:
## LA METÁFORA HUMANA

Del mismo modo que podemos aprender cosas de hondo significado sobre el trabajo, la familia, y la vida de la obra teatral *La muerte de un viajante*, de Arthur Miller, o sobre el liderazgo, la familia y la tragedia de *El rey Lear,* de Shakespeare, también podemos aprender mucho sobre las dimensiones críticas del liderazgo a partir de la metáfora de los Reptiles frente a los Mamíferos.

Pero antes de empezar, permítame puntualizar brevemente lo más obvio: mi metáfora no se basa en la ciencia de los reptiles y los mamíferos. Es más literaria que científica. En la naturaleza, los verdaderos reptiles son criaturas de sangre fría. Son ectotérmicos, lo que significa que su temperatura corporal depende de la temperatura de su entorno. Están recubiertos de escamas o placas óseas. Generalmente ponen huevos para reproducirse. Los mamíferos, que según cree la mayoría de los científicos evolucionaron de los reptiles hace unos doscientos millones de años, son criaturas de sangre caliente. Son homeotérmicos, lo que quiere decir que mantienen una temperatura corporal relativamente constante y caliente, independientemente de la temperatura de su entorno. Los mamíferos tienen la piel recubierta de pelos. Las hembras paren descendientes vivos y tienen para alimentarlos glándulas mamarias que producen leche.

¿Y cómo son los equivalentes humanos de los reptiles y mamíferos? A mi modo de ver, en sus tipos más puros, sugeriría que los reptiles humanos son principalmente *desprendidos, analíticos* y *críticos* en su tratamiento de los asuntos y las personas en el trabajo. En contraste, los humanos mamíferos son *comprometidos, emotivos* y *protectores*. Los reptiles tienden a ser *competitivos* y *se esfuerzan por dominar*. Los mamíferos tienden a ser *cooperativos* y *se esfuerzan por lograr consenso*. Los reptiles se orientan hacia los *contratos* y la *formalidad* en lo referente a acuerdos entre partes, mientras que los mamíferos prefieren *acuerdos informales*, y *entendimientos* basados en valores compartidos y en las necesidades comunitarias.

Algunas de estas diferencias tienen, hasta cierto punto, sus raíces en las diferencias intelectuales entre los tipos económico-financieros por una parte, y los científicos conductistas y prototipos de dirección general por la otra. He aquí algunos ejemplos:

### *Hábitos de la mente*

| Reptiles | Mamíferos |
|---|---|
| Desprendidos | Comprometidos |
| Analíticos | Emotivos |
| Cuantitativos | Cualitativos |
| Independientes | Interdependientes |
| Contendientes | Cooperativos |
| Énfasis en el control | Énfasis en la libertad |

| | |
|---|---|
| Fe en las evidencias | Fe en los demás |
| Se apoyan en las auditorías | Se apoyan en la confianza |
| Valoran los contratos | Valoran la comunidad |

Los seres humanos han establecido desde tiempos inmemoriales conexiones entre reptiles y mamíferos reales y metafóricos. Truman Capote escribió un libro titulado *A sangre fría* acerca de dos despiadados asesinos. Decimos que una persona impermeable a las críticas tiene «el pellejo grueso» (piense en las escamas y placas de los reptiles) y que una demasiado sensible tiene «la piel muy fina» (piense en los bebés mamíferos, rosaditos y pelados). Elogiamos a un ciudadano por «proteger» a los jóvenes a su cargo o por «retribuir» a su comunidad. Por otro lado, condenamos a ciertas personas llamándolas serpientes.

Atribuir características de reptiles y mamíferos a los seres humanos es algo que está profundamente incrustado en nuestra forma de pensar y nuestro lenguaje. No debe sorprender, por tanto, que en lo que respecta al liderazgo seamos sensibles a las dimensiones relativas a los reptiles o a los mamíferos de aquellos en quienes buscamos guía, dirección y protección, y vemos como símbolos de nuestros valores y aspiraciones.

## REPTILES Y MAMÍFEROS EN EL TRABAJO

Mi primer trabajo verdadero lo obtuve cuando tenía dieciséis años, en un almacén mayorista de materiales de fontanería y construcción en Kalamazoo, Michigan. Fue allí, en Bond Supply Company, donde comencé a reflexionar sobre las diferentes orientaciones que las personas llevan consigo al trabajo.

## Ejecutivo principal y encantador de serpientes

En un artículo publicado en 2003 por la revista *Fortune* acerca de Hank Paulson, el entonces ejecutivo principal de la firma de inversiones Goldman Sachs, el autor se apoya en el manifiesto interés de Paulson por las serpientes. El artículo entreteje el amor de Paulson por esos reptiles con su personal estilo y su liderazgo de la firma.

«Las amo...», dice con tristeza y arrastrando la voz [tras no poder encontrar una serpiente que su guía ha señalado]. «¿A las serpientes?», le pregunto.

«Sí», responde sin titubear. «Me encanta sostenerlas y contemplarlas».

Wendy, su esposa durante treinta y cuatro años, pudo darse cuenta inmediatamente de que Paulson había tenido una experiencia con reptiles. «Tenía en sus ojos esa mirada de serpiente», dice.

Estamos hablando de . . . uno de los individuos de gran influencia más *acerados* y *sigilosos* en la comunidad de inversores . . . además está sacudiendo a Goldman, esforzándose por convertirla en una firma más *ágil* y *agresiva* a nivel global. [Las cursivas son mías.][2]

Recuerdo a un jubilado llamado Bert que venía cada mañana y anotaba meticulosamente nuestros pedidos de café y rosquillas, y luego recogía el dinero de cada uno para pagar los pedidos. Una hora más tarde regresaba con las órdenes y el cambio; después se sentaba con nosotros a conversar mientras hacíamos un descanso. Bert se había jubilado por lo menos diez años antes, pero había conseguido una magnífica excusa para seguir viniendo al trabajo cada día. ¿Por qué? Porque, obviamente, el trabajo era para él más que un salario (¡anótele una a los mamíferos!). También era la gente, el servicio, quizá hasta una conexión vital con la realidad. Bert era un mamífero del centro de trabajo. La compañía era su comunidad y él ayudaba a mantenerla con interés, calor humano y preocupación.

Existen igualmente Reptiles del centro de trabajo. Vienen a trabajar para hacerlo bien y recibir por ello un salario. Todo lo demás es secundario. Conocí un buen ejemplo una noche en el bar vecinal que más nos gusta a mi esposa y a mí, Brandy's, situado en East 84th Street, en Nueva York. Hay en Brandy's un pianista excelente. Los camareros y el barman son los que cantan, y son intérpretes asombrosos. Las propinas forman parte importante de su compensación. Una de las camareras-cantantes es una mujer muy sociable y con una excelente voz. Cantó espectacularmente aquella noche que estuvimos allí, y se ganó la ovación de la multitud. La aplaudimos y le pedimos un *encore*. Ella aceptó la adulación, y luego dijo: «Gracias, les agradezco su cariño, pero vengo aquí a ganar dinero. Tengo un esposo divino que me llena de afecto en casa. Agradezco su generosidad». ¡Anótele una a los reptiles! Pese a su cálida proyección, esta maravillosa intérprete es sobre todo un reptil laboral, que hace lo que debe más por dinero que por amor.

## NI MEJORES NI PEORES, SÓLO DIFERENTES

Espero que haya quedado claro a través de estas dos ilustraciones que no intento juzgar los valores inherentes de los reptiles o los mamíferos en el lugar de trabajo. Ambos son vitales, y la mayoría de las personas son, por supuesto, una mezcla compleja de los dos. Necesitamos a los reptiles, orientados a no perder tiempo y concluir el trabajo para asegurar que este se haga, y se haga bien. Necesitamos a los mamíferos, protectores y orientados hacia el lado humano, para mantener la comunidad humana mediante la cual el trabajo se realiza. Los necesitamos a los dos, y para ambos hay espacio, con tal de que los reptiles cumplan con ciertas normas de civilidad y de que los mamíferos sean capaces de producir un buen trabajo. Existen, claro está, reptiles problemáticos (egoístas y destructivos) y mamíferos conflictivos (holgazanes y chismosos). Y eso crea una importante distinción que deseo establecer aquí.

He notado que muchas personas a quienes he compartido esta metáfora de los reptiles y los mamíferos atribuyen a estos últimos buenas cualidades, y malas a los primeros. Esta reacción instintiva puede tener su origen en nuestra aversión común a las serpientes y lagartos, y nuestra predilección por los perritos y gatitos. Tal parcialidad es reforzada en la literatura y en incontables obras de arte, principalmente religiosas, que pintan a los reptiles como malvados (por ejemplo, el diablo aparece en la Biblia como una serpiente). Pero los reptiles y mamíferos laborales, y esto incluye a los líderes en ambos grupos, no son más inherentemente buenos o malos que sus similares del reino animal. Este punto resultará importante cuando estudiemos a los líderes, pues creo que las organizaciones tropiezan, fracasan o no alcanzan su potencial tanto debido a un liderazgo que es inadecuadamente reptil como a uno que es inadecuadamente mamífero. De modo que quiero desde ahora descartar la idea de que los mamíferos son buenos y los reptiles malos. ¡Ojalá todo fuera tan sencillo!

## AMBOS SON IMPRESCINDIBLES

Los mejores líderes deben ser a la vez reptiles y mamíferos. He aquí la razón:

Los líderes deben ser *reptiles* porque las organizaciones se ven obligadas a sobrevivir en un ambiente competitivo, darwinista, y porque están pobladas de seres humanos falibles que algunas veces son negligentes, fraudulentos, reticentes y bravucones.

Los líderes deben ser *mamíferos* porque las organizaciones están compuestas por seres humanos, con libertad para escoger las instituciones a las que desean afiliarse (algo que ayuda a los líderes es ver a sus empleados como voluntarios); que tienen las ideas y el conocimiento que la organización necesita para prosperar; que son capaces de hacer cosas asombrosas; y que están hambrientos de inspiración, desafíos, realización y reconocimiento.

Los líderes deben ser *reptiles* porque la gente necesita orden, estabilidad, rutinas y recursos a fin de rendir de manera productiva, confiable y eficiente.

Y deben ser *mamíferos* porque la gente necesita atención, espacio para crecer y alguien que crea en ellos a fin de poder rendir al máximo, aprender y desarrollar su creatividad.

Los líderes deben ser *reptiles* para que puedan establecer autoridad y ejercer poder. Y deben ser *mamíferos* porque las personas merecen ser tratadas con dignidad y respeto.

Un líder necesita ser *reptil* para afrontar un corrosivo y amenazante entorno competitivo. Y necesita ser *mamífero* para abrazar al ser humano que sufre, y establecer empatía con él.

Las organizaciones necesitan líderes *reptiles* porque requieren una buena dirección. Y precisan líderes *mamíferos* porque su personal merece un buen liderazgo.

Un liderazgo *reptil* mejora las probabilidades de que una organización sobreviva. Un liderazgo *mamífero* mejora sus probabilidades de prosperar.

Reptiles y mamíferos representan dos caras de la pirámide del liderazgo que le presentaré a continuación.

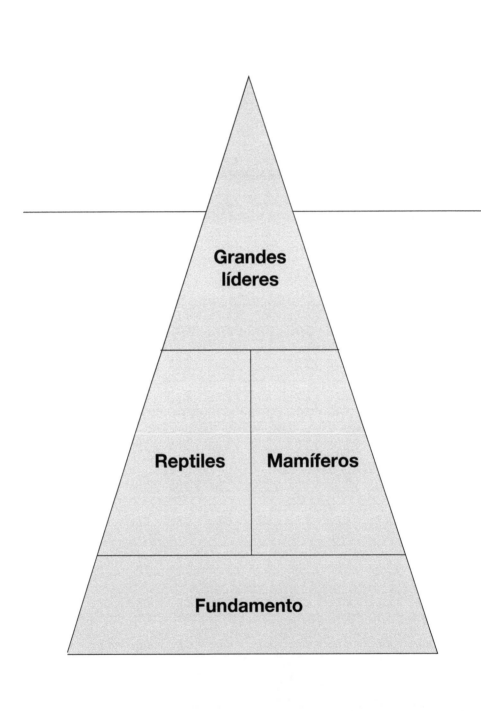

# La pirámide del liderazgo

H e visto a lo largo de los años muchos enfoques que las compañías y otras organizaciones utilizan para seleccionar, evaluar, entrenar y cultivar a sus gerentes. En otras palabras, para desarrollar líderes. Estos métodos oscilan, por su calidad, desde buenos hasta terriblemente malos. Algo que casi todos comparten es su extrema complejidad. Voy a presentarle aquí un modelo sencillo, pero bastante completo, de desarrollo del liderazgo. Le llamo la «Pirámide del liderazgo».

Esta pirámide le ayuda a identificar sus puntos fuertes y sus debilidades naturales (todos los tenemos). Puede ayudarle a desarrollar los primeros, a mejorar las segundas, y guiarle a la excelencia en el liderazgo. La pirámide (como se muestra en la figura 3-1) consta de cuatro componentes:

• *Requisitos fundamentales.* Para llegar a convertirse en líder usted debe tener un gran deseo de autoridad. No es algo que necesariamente se relacione con su ego. Por lo general nace de una convicción personal de que usted es capaz de guiar, organizar y respaldar a otros de manera efectiva para lograr una meta: ganar un partido de béisbol, recaudar fondos, levantar una empresa, ganar una elección. Otras tres cualidades determinan sus probabilidades de éxito como líder: capacidad, fuerza y carácter.

• *Requisitos de reptil.* Este es el lado *duro* vital del trabajo del líder. Su base es un buen sentido de lo económico combinado con una habilidad para la dirección financiera, un instinto para verificar (auditar) lo que se presenta como realidad, y una fuerte inclinación al control, el seguimiento y la atención a los detalles. Este enfoque requiere análisis racional, disciplina y exigencia.

• *Requisitos de mamífero.* Este es el lado *blando* vital del trabajo del liderazgo. Demanda un «sentido de la gente» que descansa sobre una buena intuición y una empatía genuina: la capacidad de ponerse en el lugar de otro. Su esencia estriba en las habilidades comunicativas, tanto para escuchar como para «transmitir», por escrito y en términos verbales y no verbales. Este enfoque se caracteriza por un acercamiento cálido y por estimular a los demás a aprender, a crecer, desarrollarse y triunfar.

• *Requisitos de gran líder.* Este es *el trabajo* del liderazgo al más alto nivel. Se trata de realizar cambios exitosos y trascendentales. Quien llega a la cúspide de la pirámide se presume que tiene la capacidad de ser duro y blando, según sea necesario, y la experiencia para saber cómo se requiere actuar en cada situación. Debido a que los grandes líderes realizan cambios, son también innovadores y están dispuestos a correr riesgos inteligentemente.

Figura 3-1. La pirámide del liderazgo

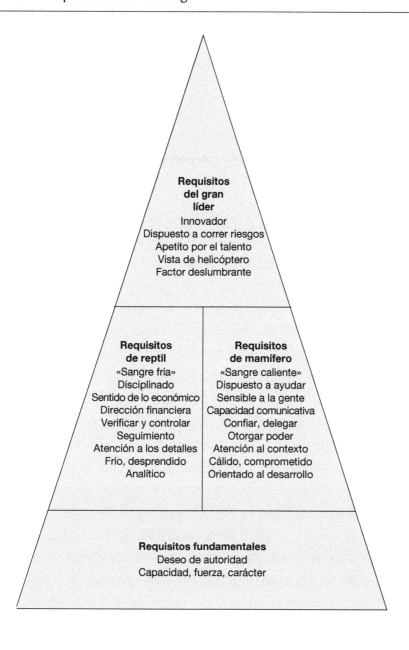

Tienen un apetito ilimitado para reclutar y trabajar con las personas más talentosas. Poseen una rara perspectiva de trescientos sesenta grados o «vista de helicóptero». Y tienen un especial no sé qué personal —presencia, energía, carisma— al que llamo «factor deslumbrante».

## GENTE DE LA PIRÁMIDE

Cuando contemplo la pirámide del liderazgo, lo que veo son personas. El arzobispo sudafricano Desmond Tutu es el más extraordinario líder mamífero que he conocido. Pasé algún tiempo con él en Ciudad del Cabo, durante un receso en las audiencias de la Comisión para la Verdad y la Reconciliación que él presidía. Cuando llegué, le estaban cantando «Feliz cumpleaños» a uno de sus asistentes, y él llevaba la voz cantante. Era obvio que sus empleados le adoraban. Irradiaba calor humano y gozo. Eso me pareció notable, pues había pasado la mañana escuchando conmovedoras historias de víctimas del apartheid y sus familiares, acerca del más profundo odio y la más despiadada brutalidad que un ser humano pueda imponer a otro.

Charlamos durante unos cuarenta y cinco minutos. Nunca olvidaré que el arzobispo exaltó el papel que Dios, la oración, las iglesias y las personas de buena voluntad de todas las confesiones habían desempeñado en la abolición del apartheid. Ni tampoco que, sabiendo que mi misión consistía en discutir las posibilidades de desarrollo empresarial y las oportunidades económicas en Sudáfrica, destacó lo vital que era triunfar en ese frente, pues sin el progreso que representa, por ejemplo, un nuevo acueducto en una localidad, o la posibilidad de obtener un empleo, la nación podía resbalar hacia el caos.

Muchos de los mejores líderes reptiles se convierten en directores financieros. Uno de los grandes, que resalta en mis recuerdos, es David Neithercut, actualmente ejecutivo principal de Equity Residential (EQR en la bolsa de Nueva York), el mayor fondo fiduciario de inversiones en bienes raíces, especializado en apartamentos, de Estados Unidos. Conocí a Dave cuando pasé a ser fideicomisario de EQR en 1993, año en que la empresa empezó a vender acciones al público. Llegamos a conocernos bien, pues yo presidía el comité de auditoría de EQR y él era su director financiero. Cuando nos presentaron él tenía sólo treinta y siete años, y me impresionó con su agudeza para las finanzas y la rapidez de su mente. Tenía el pedigrí perfecto para un líder reptil: una maestría en Administración de Negocios de la Universidad de Columbia, con especialización en Contabilidad y Finanzas. Dave deslumbraba a la junta de directores cuando disertaba sobre la estructura de capital y los complejos arreglos financieros de EQR. Pero lo más importante era que sabíamos que con él a cargo del balance general ningún detalle pasaría inadvertido ni sería dejado a la casualidad. En mi calidad de fideicomisario, realmente me tranquilizaba ver cómo este joven que era capaz de asombrar a Wall Street tenía el hábito inconsciente de llevar en la oreja un afilado lápiz amarillo número 2, ¡como si fuera un simple contable de esos que usan viseras!

Henry Schacht, que era el ejecutivo principal de Cummins Engine cuando ingresé en la compañía, fue mi modelo personal de introducción a los grandes líderes. Erguido, de mandíbula cuadrada, brillante, ético, articulado y persuasivo, Henry reunía en su persona todas las cualidades de una manera que yo nunca había visto antes. Como el gran líder que era, diseñó una acuciante estrategia competitiva que requería cambios radicales en Cummins, siempre estaba muy al tanto de las cifras, y mantenía una estupenda comunicación con todos los miembros de la compañía. Estos eran sus dones. Pero a mí me impresionaba más lo estricto y firme que podía ser Henry por un lado, al tiempo que por el otro se esforzaba para prodigar atención y respeto a cada individuo que se le pusiera delante. Nunca había visto algo así.

Me explico.

Cuando hice mi transición de la vida académica al trabajo ejecutivo, descubrí que este último suele ser una montaña rusa de emociones. Las subidas y bajadas no suceden en períodos de semanas o meses, como tienden a ocurrir en nuestras propias vidas, para conformar eso que llamamos «los buenos tiempos» y «los malos tiempos». En el campo del liderazgo, estas arremetidas tienen lugar en forma más semejante a cómo debe de experimentarlas en el cuadrilátero un campeón de boxeo: asimilando los golpes y repartiéndolos casi simultáneamente, en ráfagas, durante los tres minutos de un asalto. Eso me recuerda un antiguo cuento popular judío: el rey Salomón había comisionado a un joyero para que le confeccionara un anillo con una inscripción. Las palabras debían tener un significado especial en cualquier situación, fuese buena o mala. El joyero le llevó al rey una sortija en la que grabó las siguientes palabras: «También esto pasará».

A mí me impactaba mucho la capacidad de Henry para pasar, sin titubear, de enterarse de que nuestras acciones habían caído en el mercado la semana anterior (rodilla en la lona), a saludar a los nuevos empleados (¡ahora verás!), a reunirse con poderosos y descontentos distribuidores (asimilando golpes), a despedir a un alto ejecutivo (repartiendo golpes). . . ¡y todo eso antes de la hora del almuerzo!

Cuando uno estaba en su presencia, Henry le hacía sentir como la única persona en el mundo. No había nada más importante que ese contacto con usted, sin importar qué hubiera ocurrido en su reunión anterior o qué vendría después. Yo nunca había visto algo así en la vida académica, donde la distracción es un peligro laboral que ha dado pie al estereotipo de «el profesor distraído».

Si se trataba de dar una demostración diaria de capacidad, fuerza y carácter en el trabajo, el desempeño de Henry era todos los días digno de un virtuoso. La imitación es la forma más sincera de adulación, y hasta el día de hoy me esfuerzo por emular el repertorio de líder de Henry, su fuerza y firmeza emocional, y su aura envolvente. De cuando en cuando, siempre que alguien me felicita por alguna de estas características, me siento como si hubiese ganado una competición olímpica. Ese es el efecto que los mejores líderes obran en quienes les rodean. Enseñan a los demás a liderar mediante lo que son, lo que hacen y cómo son capaces de hacer más de lo que dicen.

El alto rendimiento es característica común de los reptiles, mamíferos y grandes líderes de éxito. Pero estos últimos representan una sinergia de las mejores características de los reptiles y mamíferos, y todavía agregan una más: la capacidad de realizar cambios. Observe los términos descriptivos en la siguiente tabla y se dará cuenta de lo que quiero decir: un gran líder combina la exigencia de un reptil con el deseo de ayudar de un mamífero, y le añade visión y disposición a correr riesgos a fin de lograr cambios positivos y trascendentes.

Resulta divertido ponerse a pensar en ejemplos de líderes bien conocidos que corresponden a cada una de estas categorías. Por ejemplo, si digo reptil, usted podría responder Donald Rumsfeld o «Chainsaw Al» Dunlap (ex ejecutivo principal de Scott Paper, cuya autobiografía lleva por título *Mean Business* [Negocio Malvado]). Al se ganó su apodo de Chainsaw [sierra eléctrica] por despedir a miles de empleados. Si digo mamífero, usted podría responder la Madre Teresa o Jimmy Carter o el Dalai Lama. Si mencionara gran líder, podría pensar en Steve Jobs o Colin Powell, u Oprah Winfrey. Claro que no siempre estaremos de acuerdo, ¡y es entonces cuando las cosas se ponen más interesantes!

| Líderes Reptiles | Líderes Mamíferos | Grandes Líderes |
|---|---|---|
| Exigentes | Protectores | Visionarios |
| Agresivos | Cooperativos | Inspiradores |
| Analíticos | Acomodadores | Corren riesgos |
| Desprendidos | Comprometidos | Versátiles |
| Competidores | Humanos | Gigantes |
| Negociadores | Mentores | Constructores |
| Sobrevivientes | Maestros | Leyendas |

## REQUISITOS FUNDAMENTALES

En los capítulos subsiguientes investigaremos más a fondo a los reptiles, mamíferos y grandes líderes. Concentrémonos por ahora en los requisitos fundamentales de la pirámide del liderazgo. Cuando reflexiono sobre todos los debates que he sostenido como ejecutivo o miembro de un directorio en torno a la idoneidad de los candidatos a un puesto de liderazgo, o acerca del desempeño y los problemas de un líder, puedo situar *todos los problemas* que se han planteado en alguno de los tres requisitos fundamentales: capacidad, fuerza y carácter.

• *Capacidad.* ¿Posee la persona la inteligencia, el conocimiento, la experiencia o la capacidad personal (intelectual, emocional y física) requeridos para triunfar en el puesto? No hay que ser el más inteligente del mundo para liderar, pero sí se precisa serlo. No es necesario ser inconmovible desde el punto de vista emocional, pero la mayor parte del tiempo se requiere permanecer centrado, y hace falta ser firme y resistente. La resistencia física es quizás el aspecto menos comprendido entre las cualidades de un líder. El liderazgo es como una carrera de maratón. No cabe duda de que ayuda el tener una buena constitución y mantenerse en buena forma física.

Este libro está principalmente dedicado a las capacidades que se requieren para alcanzar la excelencia en el liderazgo. Me queda todavía mucho por decir en los próximos capítulos acerca del requisito fundamental relativo a la «capacidad».

- *Fuerza.* ¿Posee la persona el impulso y la determinación, el espíritu competitivo, el sentido de urgencia y la capacidad de inspirar respeto a los demás requeridos para triunfar en el cargo?

He aquí una propuesta simple. Sin fuerza, es imposible liderar. Por fuerza debemos entender impulso, intensidad, determinación, capacidad de ejercer poder, necesidad de lograr lo proyectado y deseo de triunfar. Una persona capaz, pero sin fuerza, se sentirá desgraciada en un rol de liderazgo.

Permítame ponerle un ejemplo: En Cummins Engine Company tuvimos un empleado a quien terminamos despidiendo. Como trabajador individual había sido un contribuyente capaz, que manejaba varias cuentas. Sobre la base de su rendimiento fue ascendido a un puesto donde debía supervisar a un pequeño grupo de personas.

Desde el principio, a la gerencia le decepcionó su gestión. Se le hicieron críticas, hizo varias promesas, pero continuó ejerciendo el cargo con debilidad y hubo muy pocos cambios. Así que fue despedido.

Cuando sacó sus pertenencias de su escritorio, me trajo un montón de cartas, mensajes telefónicos, listas de cosas por hacer y notas manuscritas. «Aquí tiene», dijo, «todo esto estaba en mi caja de cosas "demasiado difíciles"». «¿Qué quiere decir?», le pregunté.

«Cuando comencé en este puesto, empezaron a traerme problemas. Usted sabe: quejas de clientes, problemas con los productos, asuntos de personal. Traté de afrontarlos, pero poco después me di cuenta de que era demasiado difícil manejar todo eso. . . así que lo puse todo en una caja. La llamaba mi caja de cosas "demasiado difíciles"».

He tenido que despedir a muchas personas a lo largo de los años. Es la parte que menos me gusta del trabajo de dirección, pero es necesaria, y siempre he sentido que les debo a los empleados el hacerlo de manera clara, limpia, justa y personal. Me ha sorprendido ver con cuánta frecuencia un empleado que es despedido por su mal rendimiento toma la noticia con alivio. Ese fue el caso del de la caja para las cosas «demasiado difíciles». Por cierto, nunca he conocido un líder que despidiera a alguien por poco rendimiento y que luego no haya dicho: «Mirándolo en retrospectiva, ojalá lo hubiera hecho antes».

- *Carácter.* ¿Posee la persona la integridad, los valores, la confiabilidad, la lealtad y la independencia requeridos para triunfar en el puesto ?

J. Irwin Miller, el padre y fundador de Cummins Engine, me dijo una vez: «En lo que respecta al liderazgo, la integridad y el carácter son siempre más importantes que las capacidades específicas».

La razón es sencilla. En los adultos, la integridad y el carácter están bastante bien determinados y son inmutables, mientras que las habilidades y capacidades se pueden desarrollar. Así que el primer filtro al decidir a quién nombrar para una posición de liderazgo debe ser: ¿Es esta una persona de carácter y probada integridad a quien yo estaría dispuesto a confiarle la dirección de otros?

Irwin no era el único que pensaba así. Investigadores del liderazgo preguntaron a más de veinte mil personas en todo el mundo: «¿Qué características busca usted y admira en sus superiores?». Las cuatro respuestas más comunes fueron: honrado, visionario, inspirador y competente.[1]

La confianza en el supervisor también se correlaciona con una serie de resultados positivos en el liderazgo, entre ellos un mejor rendimiento, satisfacción con el trabajo y compromiso con la organización.[2]

La mayoría de los líderes son personas de carácter razonablemonto buono. Poro hoy una catogoría ospocial do lídcrcs quc mcrcec atención especial: los pocos que son genuinamente malvados.

El lado tenebroso del carácter es encarnado por los líderes malévolos. Son personas en posiciones de autoridad y poder que despliegan su maldad en lo que hacen y en cómo lo hacen. Sentimos una morbosa fascinación por los peores entre ellos: vienen a la mente Adolf Hitler, Jim Jones, Saddam Hussein. Los jefes que encajan en este molde son los tiranos, los sádicos y tipos tan insensibles que son capaces de disfrutar agriándonos la vida, o al menos les importa poco si sufrimos. Muchos creen que la mejor forma de liderar es mediante el miedo y la intimidación. Se trata de una estrategia que funciona solamente con los débiles e inseguros: su clase favorita de subordinados. Los líderes malvados nos hacen sentir su peso. Lanzan insultos y siempre que pueden humillan a la gente públicamente, no en privado. Como los Hussein y los Hitler que son por lo general bravucones que, una vez despojados del poder de sus roles de liderazgo no impresionan a nadie, y son más bien hasta patéticos.

¿Quién puede olvidar, por ejemplo, la imagen del otrora poderoso Saddam Hussein, un hombre que envió a más de un millón de soldados a morir en el campo de batalla, sometiéndose mansamente a la inspección médica por parte de un oficial del ejército de Estados Unidos, después de rendirse desde el fondo de su ratonera sin pelear?

Por suerte, los líderes malvados y sus compinches no son el tema de este libro. Pero sí encajan en el marco aquí presentado. Combine su malevolencia con ciertas características perversas de los reptiles, y obtendrá a los monstruos, tiranos y otros canallas de este mundo. Combínela con ciertas características perversas de los mamíferos y el resultado serán los manipuladores, traidores y «svengalis».

Si descartamos a los líderes malvados, el más importante desafío que afrontan los líderes con respecto al carácter se sitúa en el área de la *integridad*. Permítame explicarle.

## LIDERAZGO DE ALTA INTEGRIDAD

Creo que el fundamento, la piedra angular de un liderazgo excelente es una *alta integridad*. En este sentido, en los últimos años muchos líderes —desde Richard Nixon (Watergate) a Martha Stewart (que negó haber usado información privilegiada en una venta de acciones), o Dennis Kozlowski (que saqueó a Tyco)— han demostrado tener muy poca integridad. Qué decepción.

Pero existe una clara alternativa, y es comprometerse a ser un líder de alta integridad. ¿Cómo? Trataré de ser simple. Significa que durante toda su carrera:

- Usted nunca violará leyes y regulaciones justas a sabiendas de que causará graves consecuencias.

- Usted será honrado (por ejemplo, dirá la verdad y no engañará a otros).

- Usted hará sus compromisos cuidadosamente, y los cumplirá con fidelidad.

- Usted evitará los conflictos de intereses y, cuando sean inevitables, los resolverá a favor de sus deberes y responsabilidades y no de su beneficio personal.

Quizá esta fórmula de liderazgo de alta integridad parezca demasiado sencilla. No lo creo. No olvide las abundantes lecciones que nos enseñan recientes escándalos corporativos, respecto a cuántos ejecutivos principales han sido incapaces de vivir conforme a estos principios simples y directos, pero exigentes. Tal vez su concepto de integridad no era *lo bastante simple*. ¿Es que Richard Nixon no fue capaz de escuchar cuando su madre le decía: «¡Qué enredada telaraña tejemos cuando optamos primero por mentir!»? ¿No pudo recordar el ejecutivo principal de Adelphia que las empresas públicas están sujetas a leyes y regulaciones establecidas para proteger los intereses de los accionistas que le han confiado a la gerencia sus ahorros? ¿No tuvieron en cuenta los corredores de bolsa que defraudaron las cuentas de sus clientes la promesa que hicieron de ayudar a esos mismos clientes a ahorrar para la educación universitaria de sus hijos o para tener una jubilación sin preocupaciones?

Mientras reflexiono sobre estas personas que defraudan a otros y se defraudan a sí mismos, pienso en mi padre, de noventa años de edad. Mientras crecía, muchas veces me dijo que una de las cosas más importantes en la vida es poderse mirar en el espejo en la mañana sin un reproche. ¡Un sabio consejo!

Pero tal vez el más difícil entre los principios de un liderazgo de alta integridad es el número cuatro: evitar conflictos de intereses y, cuando sean inevitables, resolverlos a favor de sus deberes y responsabilidades, y no de su propio beneficio. ¿Por qué? Si tuviera que citar la transgresión más notoria en los escándalos relacionados con el liderazgo que tienen lugar en el mundo político, el corporativo y el no lucrativo, esa sería el conflicto de intereses financieros.

Una y otra vez las personas han cometido el mismo error, capitalizando estos conflictos para su ganancia personal.

Los conflictos de intereses son abundantes en la vida profesional, y especialmente en el trabajo de los líderes. Con la responsabilidad y el poder vienen privilegios, acceso . . . y tentaciones. Es en ese punto donde ser un líder de alta integridad se convierte en un tremendo reto. Permítame que le hable de manera muy personal acerca de este asunto.

En los años noventa yo era decano de la Escuela de Negocios de la Universidad de Michigan. Mi equipo y yo recaudamos entre donantes individuales una elevada suma de dinero —más de cien millones de dólares— para becas, cátedras, institutos y centros de investigación. Y también para un nuevo edificio construido a un costo de veinte millones de dólares al que llamamos Sam Wyly Hall.

Sam Wyly es un graduado de la Escuela de Negocios de la Universidad de Michigan y un empresario texano arquetípico. Ha presidido el directorio de varias compañías públicas, entre ellas las tiendas Michaels. Cuando me le acerqué a solicitarle una donación de diez millones de dólares para sufragar la construcción de un nuevo edificio en los terrenos de la escuela de negocios, era presidente de la junta directiva y un importante accionista de una empresa pública llamada Sterling Software.

A medida que Sam y yo nos íbamos conociendo en el curso de las conversaciones relacionadas con mi solicitud, su confianza y seguridad hacia mí parecían ir creciendo. Me sentí en el cielo cuando se comprometió verbalmente a donar los diez millones para el edificio que llevaría su nombre. Varias semanas después de que Sam hiciera su compromiso, pero antes de que los fondos fueran desembolsados e incluso antes de que se formalizara por escrito, me llamó para invitarme, en nombre de la junta de

Sterling Software, a que aceptara ser uno de los directores de la empresa.

Era una oportunidad atractiva. El sector tecnológico experimentaba un fuerte crecimiento a fines de los noventa. Sterling era la quinta mayor compañía productora de software del mundo, y una altamente rentable. Los directores recibían una comisión de cincuenta mil dólares anuales y, más importante aún, una concesión inicial de cincuenta mil opciones de acciones de Sterling que, si mal no recuerdo, se estaban cotizando a unos cincuenta dólares cada una.

No había que ser muy buen matemático para calcular que si el valor de las acciones de Sterling se duplicaba —y con el boom tecnológico era lo menos que podía esperarse—, aquellas opciones podrían valer en total dos millones y medio de dólares.

Me sentí intrigado. Sam me agradaba y yo respetaba lo que había logrado con su empresa. Me dediqué a investigar más a fondo a Sterling Software, y algunas de las mentes más lúcidas que conocía en Wall Street me aseguraron que era una compañía sólida y con buenas perspectivas. Yo estaba en una fase costosa de la vida, con mis hijos en universidades y escuelas de postgrado, así como ahorrando para mi jubilación. Además, me parecía contraproducente decirle que no a Sam, en un momento tan crítico del proceso de la donación.

De manera que acepté formar parte de la junta de directores. Pero luego no me sentí cómodo con la decisión. No sabía por qué, hasta que asistí a mi primera reunión. Allí sentado ante la mesa de conferencias me di cuenta de que no podía servir efectivamente como director independiente —diciéndoles lo que pensaba, describiéndoles como los veía, y cuestionando a Sam si fuera, y cuando fuera necesario— mientras estuviera pendiente aquella importante donación. Y al mismo tiempo me preocupaba que ese tremendo acto de generosidad —una donación de diez millones de dólares a la Universidad de Michigan— pudiese ser interpretado por alguien como un *quid pro quo* por mi respaldo en la junta —y, por tanto, contaminado— a pesar de mi estatus oficial como director independiente.

Era un conflicto de intereses clásico. ¿A quién debía fidelidad? La respuesta se me hizo obvia, como también lo que debía hacer. Debía fidelidad a la Universidad de Michigan para la cual trabajaba, y donde era decano y miembro de una facultad. Después le debía fidelidad a Sam Wyly, como ex alumno y donante. Mi interés en ser miembro del directorio de Sterling y obtener la comisión y el suculento paquete de opciones debía figurar en tercer lugar. Concluí que ese interés era incompatible con mi fidelidad a la Universidad y a Sam como donante.

De modo que, inmediatamente después de esa primera reunión de la junta me reuní en privado con Sam, le expliqué lo que pensaba, y renuncié al directorio. Cuando él me dijo que me comprendía perfectamente, que respetaba mi opinión al respecto y que aceptaba mi renuncia, sentí una mezcla de alivio con algo de reproche. Con mi renuncia, por supuesto, se evaporaba la jugosa concesión de opciones.

Como soy humano, no pude evitar monitorear por un tiempo el precio de las acciones de Sterling Software. Ascendió astronómicamente, y la compañía fue luego vendida a Computer Associates por una bonita suma. De manera que mi decisión me costó mucho dinero, pero fue correcta, y si me viera hoy en las mismas circunstancias la volvería a tomar. Una conciencia limpia es algo que, verdaderamente, no tiene precio.

A la larga, los bienes más preciados que uno tiene son su integridad, su independencia, su reputación y su paz mental. Procure siempre mantenerlos y pulirlos. La autoridad moral que proviene de una conciencia limpia y de tomar la decisión correcta fortalecerá su efectividad como líder.

En este capítulo hemos cubierto los requisitos fundamentales de la pirámide del liderazgo: capacidad, fuerza y carácter. En los siguientes dos capítulos aprenderemos qué significa alcanzar la excelencia como reptil y como mamífero.

**Requisitos
del gran
líder**
Innovador
Dispuesto a correr riesgos
Apetito por el talento
Vista de helicóptero
Factor deslumbrante

**Requisitos
de reptil**
«Sangre fría»
Disciplinado
Sentido de lo económico
Dirección financiera
Verificar y controlar
Seguimiento
Atención a los detalles
Frío, desprendido
Analítico

**Requisitos
de mamífero**
«Sangre caliente»
Dispuesto a ayudar
Sensible a la gente
Capacidad comunicativa
Confiar, delegar
Otorgar poder
Atención al contexto
Cálido, comprometido
Orientado al desarrollo

**Requisitos fundamentales**
Deseo de autoridad
Capacidad, fuerza, carácter

# Excelencia reptil

L os líderes necesitan ser exigentes y pensar con exigencia, tener a veces la piel gruesa e incluso actuar con sangre fría. Si yo tuviera que escoger entre trabajar en una organización encabezada por un pusilánime o por un miserable, siempre escogería la segunda opción. En un mundo competitivo y que no perdona, el líder agresivo nos daría la oportunidad de sobrevivir. En cambio, una organización dirigida por un líder débil está condenada al fracaso.

Según mi experiencia, pocas cosas frustran más a la gente que verse subordinada a una persona débil e indecisa. Es algo que les asusta. Puede que los seres humanos no confesemos tan francamente nuestras expectativas de un orden jerárquico como los lobos (¿quién es el líder de la manada?) o las aves (¿cuál es la jerarquía de la bandada?), pero sí deseamos saber quién manda y poder confiar en la capacidad de esa persona para dirigirnos con éxito.

Los líderes no sólo necesitan *ser* exigentes. También necesitan *demostrar* de manera visible que son recios de vez en cuando. Demostrarlo de manera física es una forma primitiva y efectiva de hacerlo. Por ejemplo, la valerosa y ecuánime recuperación de Ronald Reagan de un fallido intento de asesinato elevó su popularidad entre los estadounidenses y le fortaleció políticamente. La valentía personal demostrada por el alcalde de Nueva York, Rudolph Giuliani, durante los atentados terroristas del 11 de septiembre de 2001 le catapultó a la escena política nacional.

Pocos padres de hijos adolescentes pueden escapar de sus años tumultuosos sin un ocasional enfrentamiento físico para mantener el orden en la jerarquía familiar. Un cuñado mío recuerda de manera vívida cómo, cuando tenía doce años, desafió a su padre a una pelea, seguro de que podría vencerle. «¡Todavía no puedo creer lo fuerte que era papá!», cuenta cincuenta años más tarde. El predominio físico crea una impresión duradera. De cuando en cuando, el guante de terciopelo de la diplomacia internacional depende de la mano de hierro del poderío militar, con su potencial para conquistar territorios y dominar físicamente a un adversario.

Las demostraciones de vigor de los líderes en el centro laboral de hoy rara vez incluyen enfrentamientos físicos. Pero, aunque esta forma de probar fuerza es ahora menos importante de lo que solía ser (tampoco es del todo insignificante: por ejemplo, en las negociaciones, ¡ninguno desea ser el primero en tomar un receso para ir al baño!) son más importantes otras formas de demostrar garra, entre ellas la *fortaleza mental, fortaleza administrativa* y *fortaleza emocional*, puntos que abordaré en este capítulo.

Esta información le permitirá comprender las respuestas de las siguientes preguntas y actuar en consecuencia:

- ¿Por qué necesitan ser fuertes los líderes?

- ¿Qué significa ser un líder fuerte?

- ¿Qué capacidades e instintos necesita desarrollar usted para convertirse en un líder fuerte?

Resumiendo: este capítulo describirá y le ayudará a usted a desarrollar lo que yo llamo «excelencia reptil», un requisito esencial de cualquier liderazgo fuerte y exitoso.

## ¿POR QUÉ LOS LÍDERES NECESITAN SER FUERTES?

Existen por lo menos cinco respuestas a esa pregunta. Los líderes necesitan ser fuertes para sobrevivir, para fijar el tono en la cúpula, para establecer autoridad y credibilidad, para que las cosas se hagan y para asegurar una dirección firme.

### Los líderes fuertes proporcionan a sus organizaciones una oportunidad de sobrevivir

Los líderes necesitan ser fuertes porque son responsables de empresas y organizaciones que deben sobrevivir en un ambiente competitivo. Exactamente por esta razón, existen en la naturaleza protocolos bien establecidos en el interior de muchos grupos de animales, con el fin de asegurar que el líder sea la criatura predominante, aquella que ha iniciado y sobrevivido desafíos al orden establecido mediante demostraciones de fuerza. Este proceso de selección es vital para mejorar la capacidad de supervivencia del grupo.

## Un liderazgo naturalmente fuerte

El gorila es el mayor de los primates que habitan en el planeta. Un macho adulto puede alcanzar cerca de un metro ochenta de estatura, con una envergadura aproximada de tres metros desde la punta del dedo medio de la mano derecha a la del mismo dedo de la mano izquierda. En la plena madurez el macho presenta una especie de cresta de pelo claro, casi blanco, que le corre por la espalda y los lados, lo cual le identifica como un gorila de espalda plateada. Existe entre estos animales una clara jerarquía basada en la complexión, y sólo procrea el macho dominante de espalda plateada. Como centro de atención, encabeza su grupo familiar, y decide dónde buscarán alimento y dónde dormirán.

Cuando un gorila macho se encuentra con otro desconocido, despliega una serie de elaboradas amenazas. Comienza con sonoros gruñidos que le van llevando a un frenesí ya en toda su estatura, mientras desgarra la vegetación y se da golpes de pecho. Un rugido ensordecedor precede entonces sus primeros pasos hacia el intruso. Si esto falla, carga contra él gritando y agitando los brazos. Pero generalmente se detiene y se encara con el otro, antes de haber hecho contacto. Así, nariz con nariz, se miran por un rato, hasta que uno de los dos retrocede.

El desafío de sobrevivir en un ambiente amenazante lo afrontan todas las organizaciones, aun las más grandes y aparentemente más fuertes. En 2004, entre las compañías del selecto grupo *Fortune 500* sólo se mantenían setenta y una de las que integraron la lista inicial de principios de la década de los cincuenta. Fuera del sector privado, que se caracteriza por su «destrucción creativa», pocas organizaciones se las han arreglado para sobrevivir más de un siglo, si se exceptúan un puñado de universidades, la Bolsa de Nueva York y la Iglesia Católica.[1]

Los líderes más veteranos viven cada día con la amenaza del fracaso, de una severa contracción o incluso la desaparición de sus organizaciones. Recuerdo que un día andaba recorriendo con Irwin Miller la planta principal de montaje de motores diesel de Cummins Engine Company en Columbus, Indiana. En aquella fábrica estábamos produciendo alrededor de quinientos motores pesados diarios, la mayoría destinados a los grandes camiones de remolque que circulan por las carreteras norteamericanas. La producción generaba seis millones de dólares diarios para la compañía. La gente en el sur de Indiana, incluidos nuestros empleados, veía a Cummins como una compañía grande, poderosa y permanente. Pero Irwin tenía otra opinión.

«A veces me asombro al ver cuántos pedidos de estos motores recibimos», me decía. «Y entonces pienso en lo pronto que esa corriente se podría secar». Esta actitud es saludable en un líder, ya que el éxito puede ser —y muchas veces es— pasajero. Ahí tiene, por ejemplo, el inconcebible declive de General Motors y Ford.

Aun en organizaciones monopolistas y bien establecidas del sector público, como los sistemas escolares locales y las grandes universidades no privadas, a los líderes les debe preocupar la decadencia, la pérdida de apoyo y de recursos públicos, y nuevas formas de competencia. Yo era decano en la Universidad de Michigan cuando los cursos a través de Internet empezaron a aparecer en las pantallas de nuestros radares. Por la misma época también surgía la educación superior lucrativa. Recuerdo la reacción refleja de menosprecio de muchos de mis colegas: «Poca calidad», «Irrelevante», decían. Hoy, quince años después, la educación online es la vía que escogen millones de estudiantes. En la Universidad de Phoenix, Arizona, la mayor universidad privada del país, estudian cientos de miles de jóvenes, muchos de ellos a través de Internet. El hecho es que ninguna organización es inmune a la amenaza de extinción o a la irrelevancia. Nunca se debe subestimar a los competidores tradicionales ni restar importancia a las nuevas formas de competencia. Como nos recuerda Andy Grove, de Intel Corp., en lo que respecta a la competencia: «¡sólo los paranoicos sobreviven!».

## Un líder fuerte fija el tono en la cúpula

Mientras trabajaba en la Universidad de Michigan participé una vez como co-investigador en un amplio estudio, financiado por la Fundación para la Investigación de los Ejecutivos Financieros, y enfocado en el control interno en las empresas estadounidenses. Mucho antes de los fracasos espectaculares y muy publicitados que sufrieron empresas como Enron, Tyco y WorldCom, nuestro estudio informó que había un factor dominante para determinar la efectividad del control interno en una organización. Le llamamos «el tono en la cúpula». Los empleados *tienen* que saber que sus líderes esperan que se rijan por normas transparentes de integridad y por las políticas y procedimientos establecidos, o de lo contrario sufrirán las consecuencias. Por ello, se les pedirán cuentas.

Todo líder afronta momentos determinantes con relación a esto de imponer consecuencias. En tales situaciones, se requiere ser fuerte. Pasé por una de ellas cuando era decano de la Escuela de Negocios de la Universidad de Michigan. Un domingo por la tarde me llamó a mi casa la madre angustiada de una estudiante. Me preguntó si ella y su hija podían ir a verme inmediatamente. Asentí, conduje hasta la oficina y estuve reunido con madre e hija durante un par de horas.

Ellas me hicieron un sórdido relato según el cual un prestigioso miembro de nuestra comunidad había violado una norma que era aceptada por todos, por no decir que era una política formal, en lo que respecta a las relaciones con estudiantes. El día siguiente hice llamar al transgresor y le confronté con la historia. Él lo negó inicialmente, pero yo le presioné y poco después cedió y admitió el hecho, expresó un profundo arrepentimiento y pidió clemencia. Mirándolo hoy en retrospectiva, parece obvio que expulsarlo de nuestra comunidad era lo correcto y lo necesario. Pero, como suele suceder a los líderes en estos casos, yo pensé en su magnífico historial, sus contribuciones a la escuela, la pérdida de talento que representaría su partida, en darle una segunda oportunidad, etc. Estuve deliberando las circunstancias un minuto. Luego le despedí.

En lo que respecta a las normas, la responsabilidad y las consecuencias, los líderes deben decir lo que sienten y demostrar que cuando dicen algo lo cumplen. Más que las palabras, son los actos que las respaldan los que determinan las normas de una comunidad.

## Ser exigente establece y mantiene la autoridad y la credibilidad

Cuando las personas ambiciosas sueñan con desempeñar un alto liderazgo —presidente, director ejecutivo, almirante, decano— suelen pensar que su lucha por esas metas terminará tan pronto como sean nombrados o electos. En realidad, es entonces cuando empieza.

La razón es que a cada puesto le acompaña cierta cuota de autoridad o poder formal. Pero esa autoridad carece de valor si el líder no está dispuesto a ejercerla. El líder tiene que estar preparado para utilizar el poder —no despiadadamente, sino con seguridad en sí mismo—a fin de preservar su autoridad y asegurar su credibilidad.

Cuando dejé la facultad para convertirme en ejecutivo empresarial, un colega que era experto en dirección de empresas me dijo: «¿Crees que puedes ser capaz de ejercer poder sin demasiado sentimiento de culpa?». Entonces me pareció una pregunta extraña, pero a lo largo de los años descubrí que era muy válida. Cuando, como líder, usted tiene que decepcionar ocasionalmente a algunas personas, desinflar sus sueños profesionales, o dejarles cesantes, existe un alto potencial para experimentar un sentimiento de culpabilidad que podría incapacitarle para ejercer el poder. Y un líder que no esté dispuesto a ejercer el poder está destinado al fracaso.

Viéndolo en retrospectiva, sin embargo, me parece que mi colega pudo haberme hecho una pregunta aun mejor: «¿Crees que puedes ser capaz de ejercer el poder sin un sentimiento de culpa excesivo o *inadecuado*?». A lo largo de los años he conocido a muy pocos líderes que realmente disfrutaran haciendo sufrir a los demás. Son pavorosas versiones en miniatura de los monstruos y los maniáticos de este mundo.

### Ser exigente propicia que las cosas se hagan

Fijar plazos, ser insistente, no aceptar un «no» por respuesta, y exigir una ejecución disciplinada, son todas cualidades esenciales para que un líder logre que las cosas sean hechas, y bien hechas, por otras personas. Siempre me ha impresionado cuán tercos y obsesivos suelen ser los mejores líderes.

¿Cuántas veces hemos esperado que al jefe se le olvide alguna peregrina idea que se le ocurrió (al menos así la juzgamos) sólo para que regrese con ella seis meses más tarde preguntando si ya la aplicamos?

Aprendí una buena lección relativa a la necesidad de establecer plazos cuando Cummins Engine construyó una nueva sede corporativa en Columbus, Indiana. Era un edificio proyectado por Kevin Roche en el mismo centro de la ciudad, y como todas las sedes corporativas, por medio de su arquitectura, diseño y ejecución debía decir mucho de nuestros valores y normas como compañía. El proyecto avanzaba a paso de tortuga cuando un día Henry Schacht, nuestro ejecutivo principal, anunció sencillamente que él y el resto del personal de la sede central evacuaríamos nuestras oficinas y nos mudaríamos al nuevo edificio en una fecha inesperadamente próxima. Y así lo hicimos. Por supuesto, la mañana de la mudanza, ¡nos vimos obligados a tener un extremo cuidado para no estropear las capas finales de pintura que habían aplicado sólo unas horas antes de nuestra llegada!

Otra forma de exigencia es la persistencia. Una vez leí que la persistencia es la más subestimada de todas las estrategias corporativas. Y lo mismo se cumple con las estrategias de los líderes, especialmente en lo que respecta a encabezar cambios. He aquí un ejemplo.

Muy temprano en mi gestión como decano en la Universidad de Michigan decidí que debíamos agregar alguna experiencia práctica, manual, del mundo real, a la educación conceptual y analítica que se impartía a los estudiantes en las aulas. Expliqué a nuestros catedráticos que no tenía más sentido graduar a nuestros estudiantes sin una experiencia práctica dirigida, que graduar en una escuela de medicina a médicos que no hubiesen participado en las rondas diarias por los pabellones de un hospital y realizado los procedimientos más comunes bajo la guía de galenos experimentados.

En el cuerpo de profesores hubo mucha resistencia a ese cambio. ¡Estoy seguro de que muchos lo contemplaban cómo *mi* peregrina idea y esperaban que me olvidara del asunto! Pero me negué a aceptar una derrota. En lugar de ello, mantuve el rumbo, aunque elaboré una táctica diferente. «Escuchen», les dije, «hagámoslo como un proyecto piloto. Solamente lo ensayaremos». Con ese enfoque, emprendimos el «aprendizaje activo» a pequeña escala. En el plazo de un año, toda la facultad votó a favor de convertir el aprendizaje activo en un requisito de nuestro programa de Maestría en Administración de Negocios.

Hoy, doce años después, bajo el liderazgo de mi sucesor, es un aspecto esencial y un importante punto competitivo de distinción de la Escuela de Negocios de la Universidad de Michigan («Liderazgo en pensamiento y acción» es el lema de la escuela.) La persistencia es una forma importante de exigencia. Abonada en este caso con un poco de creatividad y flexibilidad, rindió frutos como una innovación educativa importante y duradera.

## La exigencia asegura una dirección fuerte, la cual es tan importante como un liderazgo inspirado

Una dirección exigente, aun perfeccionista, es esencial para un liderazgo exitoso, y es característica de las organizaciones de alto rendimiento. Incluso las cosas insignificantes importan a la hora de comunicar estándares y fijar un tono. Según mi experiencia, muchos líderes fracasan simplemente porque no pueden ajustarse a un presupuesto, permiten que otros hagan lo que les venga en gana, toleran trabajos chapuceros y no consiguen hacer que los trenes circulen con puntualidad.

Cuando Lou Gerstner asumió su papel como ejecutivo principal de IBM Corporation, que por entonces braceaba para no ahogarse, escandalizó a la comunidad periodística y a los ejecutivos empresariales al asegurar que la empresa no necesitaba en ese momento una visión, sino una mejor ejecución. Bajo su liderazgo se implementó una mejor ejecución que luego dio paso a una nueva visión y a una empresa totalmente revitalizada. Una década después, el libro de Larry Bossidy, *El arte de la ejecución en los negocios* (México: Punto de Lectura, 2008), dedicado al tema de una dirección disciplinada y una brillante estrategia, se convirtió en un éxito de librería.

Cuando era decano, la gente se daba cuenta de que yo no me permitía caminar por los pasillos de la escuela sin recoger del suelo los pedazos de papel que dejaban tirados, incluso servilletas sucias, para luego echarlos en el cesto de la basura. Para mí eso era tanto una cuestión de orgullo por nuestras instalaciones como una forma de predicar con el ejemplo.

Diez años antes, durante mi primer mes en Cummins, Henry Schacht me anunció que él y yo íbamos a dar un «tour con el capitán» por la sede corporativa (Henry era un ex oficial de la Armada de EE.UU.). No podía creerlo. El ejecutivo principal hizo un recorrido conmigo por el edificio y me señaló varios problemas que debía atender: hojas que se habían acumulado en la entrada principal, suelos sucios y paredes que necesitaban retoques de pintura. Y mientras caminábamos, ¡él iba recogiendo cada pedazo de papel que se encontraba tirado en el suelo! A Henry no parecía importarle en modo alguno que limpiar las instalaciones no formara parte de mi contenido de trabajo. Luego me di cuenta de que, para él, sí era mi responsabilidad, como también era suya y de todos los demás líderes de la compañía.

Si no le parece suficientemente estimulante este razonamiento sobre la exigencia y la atención a los detalles en un líder, permítame ofrecerle otro muy poderoso: evitar avergonzar a alguien. Le hablo por experiencia propia.

Al principio de mi período como decano, mi oficina envió invitaciones impresas para un acontecimiento. La tarjeta precisaba: «Público invitado». Con la salvedad de que mis empleados habían dejado fuera la letra «l» de «público». Me di cuenta justo después de que las invitaciones hubieran sido enviadas por correo. Aquel mismo día instituimos un chequeo final de calidad en cada documento que saliera de mi oficina, y lo mantuvimos durante una década, con muy buenos resultados. ¡Habíamos cometido el tipo de error que jamás se olvida!

## QUÉ SIGNIFICA SER UN LÍDER EXIGENTE

Un liderazgo exigente se despliega en tres dimensiones: mental, emocional y administrativa.

Ser un líder exigente significa ser *mentalmente* exigente. Significa apasionarse por lograr las metas y ganar, aunque no a cualquier costo. Significa ver el mundo como es, no como quisiéramos que fuera. Quiere decir valorar los datos y a las personas que los aportan, por más desagradable que sea el mensaje. Para los líderes, *los datos son sus amigos*.

Ser un líder exigente significa ser analítico y realista, nunca optimista ni pesimista en exceso, cínico ni ingenuo.

Una parte importante de la exigencia mental en los líderes consiste en ser económicamente racionales y financieramente letrados. Luego le diré más acerca de esto.

Un liderazgo exigente significa ser *emocionalmente fuerte* —firme, acerado, resuelto, riguroso— sin perder la humanidad. Significa estar dispuesto a tomar decisiones y a actuar a partir de las propias convicciones, aun si eso significa decidirse por no actuar. Quiere decir tomar en cuenta el respeto que los demás sienten por uno, pero no tanto con el fin de ser popular.

A veces el ser emocionalmente fuerte sólo significa seguir adelante y cumplir con los deberes, obligaciones y compromisos aun cuando no tengamos ganas de hacerlo, lo cual les sucede con sorprendente frecuencia a muchos líderes.

Con respecto a este último punto, me gusta mucho la película *All That Jazz*, que narra la vida y la época del brillante coreógrafo Bob Fosse. Él llevaba una vida laboral enfocada y esforzada por el día y otra salvaje y licenciosa, incluso amoral, por las noches, a menudo toda la noche. En el filme, Fosse (interpretado por Roy Scheider) se mira cada mañana en el espejo del baño los ojos enrojecidos, mientras la cabeza le quiere reventar. Al observarlo, uno sabe que se muere por volver a la cama. En lugar de ello, concluye sus abluciones poniendo una sonrisa de determinación en su rostro, golpeándose levemente la cabeza y diciéndole a su imagen en el espejo: «*¡A trabajar!*».

Les conté esta historia a los tres decanos asociados que compartieron conmigo a lo largo de una década el liderazgo de la Escuela de Negocios de la Universidad de Michigan. «¡A trabajar!» se convirtió en nuestro código favorito para poner caras de campeonato y empezar a hacer lo que fuera necesario, tuviéramos ganas o no. En eso consiste el liderazgo. Hay que trabajar todos los días.

Ser un líder exigente significa ser además *gerencialmente fuerte*. Por ejemplo:

- Prestar suma atención todo el tiempo al cuadro general y a los detalles, a los clientes, los compradores regulares y al personal, identificando necesidades y riesgos, problemas y oportunidades, logros y fracasos, y asegurando que sean reconocidos, atendidos y tratados.

- Tomar decisiones económicamente sensatas y mantenerse al tanto de las cifras.

- Tener un plan y supervisar su ejecución disciplinada.

- Evaluar el rendimiento, incluyendo el suyo propio, partiendo de los resultados, no de las intenciones.

- Ejercer una administración fuerte y competente de los recursos y asegurar un control efectivo.

- Decir «¡No!» cuando sea necesario y decirlo de manera directa, clara, firme y sin ambigüedades.

Este punto, el saber decir «¡No!», merece un comentario. Irwin Miller me dijo una vez que las dos cosas más difíciles que un joven gerente tiene que aprender a decir son: «¡No!» y «¡No lo sé!». Tenía razón, y conviene aprender a decirlas, pues se trata de frases directas, simples y sin adornos. Sin embargo a veces puede haber una manera creativa de decir que no.

Un amigo mío de Ford Motor Company me contó esta historia acerca de Red Poling, quien entonces fuera ejecutivo principal de esa corporación automotriz, así como un gran gerente y golfista. Cuenta la historia que Poling se reunió con Jack Nicklaus para discutir con él la construcción de un campo de golf de dieciocho hoyos en los terrenos de Ford. Desde el principio, Poling estableció que el presupuesto máximo para el proyecto sería de dos millones y medio de dólares. Nicklaus le explicó entonces pacientemente que un buen campo de golf sólo podía construirse a un costo de alrededor de doscientos mil dólares por hoyo. «Muy bien», dijo Poling, «¡entonces vamos a tener el mejor campo de golf de doce hoyos que hayas visto en tu vida!».

## Ser mentalmente fuerte: cuidado con el efecto Asch

Hace más de cincuenta años, el sicólogo social Solomon Asch realizó una serie de experimentos de laboratorio que demostraron sorprendentemente el poder de la presión colectiva. Habiéndoseles indicado que participarían en una «prueba de percepción», grupos de voluntarios integrados por estudiantes universitarios observaron doce pares de tarjetas como las que se muestran abajo. El objetivo era identificar la línea que tuviera la misma longitud que la que servía como patrón. Se le pidió a cada individuo que anunciara al grupo su selección. Como la diferencia entre las líneas de la comparación era obvia, debió haber existido acuerdo unánime en todas las cartas. Pero ese no fue el caso.

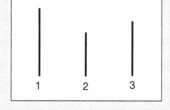

Tarjeta con línea patrón          Tarjeta con líneas para comparación

Todos los miembros de cada grupo, menos uno, estaban secretamente confabulados con Asch, para seleccionar sistemáticamente la línea errónea. El individuo restante era el sujeto ingenuo objeto del truco. Se creaba presión del grupo haciendo que el ingenuo figurara entre los últimos en anunciar su selección.

¿Con qué frecuencia se dejó sugestionar el sujeto ingenuo por una opinión mayoritaria obviamente equivocada? Sólo un veinte por ciento de los sujetos presionados en el experimento de Asch permanecieron plenamente independientes; el ochenta por ciento cedió a las presiones de la opinión colectiva por lo menos una vez, y un cincuenta y ocho por ciento se plegó a la obviamente incorrecta mayoría en por lo menos dos ocasiones.[2]

*Lección para el líder:* ¡Manténgase alerta! Una oposición incorrecta, pero unánime, puede distorsionar su juicio.

# ¿CUÁLES SON LAS CAPACIDADES E INSTINTOS A DESARROLLAR PARA CONVERTIRSE EN UN LÍDER FUERTE?

Una estrofa famosa de la canción de Kenny Rogers «The Gambler» [El jugador] dice que, en el póquer, «hay que saber cuándo aguantarlas y cuándo doblarse». Como líder, usted necesita saber cuándo ser estricto y cuándo ser cálido, empático y comprensivo.

Según mi experiencia, los líderes deben ser excepcionalmente estrictos en seis áreas:

1. Comprensión de las finanzas

2. Fijar normas elevadas

3. Manejar a bravucones

4. Servir como juez y jurado

5. Reducciones

6. Litigios

En estos asuntos, la aspiración de un líder excelente debe ser ganarse una reputación de «inteligente, estricto y justo».

## Comprensión y manejo de las finanzas

Para los líderes es esencial tener los pies sobre la tierra en cuestiones económicas. Considere las consecuencias que trae para un líder comprender qué significa ventaja comparativa, oferta y demanda, mecanismos de precios, incentivos, costos hundidos y consecuencias imprevistas; así como también política fiscal y monetaria, mercados financieros y cuestiones del comercio internacional como las tasas de cambio, la balanza comercial y las fases del crecimiento económico. Comprender estas cosas no sólo ayuda a los líderes a tomar buenas decisiones. También les permite descartar todos los ruidos, la basura y la histeria que congestionan la prensa electrónica y escrita bajo el rubro de noticias económicas y del mundo empresarial.

Por ejemplo, se puede prescindir de tener que escuchar explicaciones sobre los movimientos diarios de la bolsa. Tampoco se necesita perder el sueño sobre la desaparición de la seguridad social en nuestros tiempos o los de nuestros hijos: eso no va a suceder. Ni tiene que preocuparse por lastimar los sentimientos de su agente bursátil si usted mueve su dinero a fondos indexados de bajo costo. Él es su agente, no su amigo.

Vistos los beneficios, existen dos cursos académicos en inglés que ningún aspirante a líder se debe perder: Economía 101 [Economía básica] y Fundamentos de contabilidad.

*Economía básica.* Ninguna disciplina realiza una mayor aportación a la exigencia mental de los líderes que la economía. Ella disipa las nieblas emocionales que tienden a envolvernos como criaturas cálidas y sentimentales, perjudicando gravemente nuestra objetividad, capacidad analítica y toma de decisiones. Como he apuntado anteriormente, la exigencia mental requiere que los líderes vean el mundo tal como es. Y la economía verdaderamente ayuda a conseguirlo.

Permítame poner un ejemplo. Tengo una colega muy inteligente, nacida en Singapur, que fue brillante en la escuela, obtuvo su primer título en la Universidad de Cambridge (Reino Unido), fue atraída por el marxismo y luego decidió hacer un doctorado en economía. El título de su disertación doctoral fue «Las firmas multinacionales y las fábricas para exportación en los países menos desarrollados: el caso de la industria electrónica en Malasia y Singapur». Partiendo de sus inclinaciones marxistas, ella enfocó su estudio en una hipótesis parcializada: las firmas multinacionales estaban explotando a las obreras fabriles del sudeste de Asia.

Las buenas pesquisas económicas se basan en hechos y se mueven sobre datos, y mi colega es una buena economista. En su terreno de investigación en el sudeste asiático encontró algo muy diferente de lo que había esperado. Muchas de las empleadas de las firmas multinacionales le dijeron que, si bien sus condiciones laborales eran difíciles, su trabajo en los talleres había representado una gran mejora en sus vidas. Allí aprendían valiosas habilidades. Sus salarios eran muy superiores a los que habían obtenido previamente. Lo que ganaban permitiría que sus familias dieran un paso firme hacia una vida mejor en el escalafón económico. Y así sucesivamente.

La investigación de mi colega reveló algunos hechos que ella reflejó con toda honestidad. También cambió sustancialmente su manera de pensar sobre las empresas y sus efectos en la población de los países en vías de desarrollo. Ella quería los hechos, por más inconvenientes que fueran, al menos a corto plazo. Esto es lo que puede hacer un buen análisis económico, combinado con un acucioso acopio de datos y una mente receptiva: cambiar un prejuicio o un concepto convencional y permitirle a usted, como líder, que vea el mundo tal como es.

Veinticinco años después de que mi colega realizara su investigación, y cinco después de que me hablara de ella, yo era presidente interino de la Universidad de Michigan. Cuando uno ocupa la oficina del presidente de una institución así, con gran tradición de activismo estudiantil, una de las cosas a las que debe acostumbrarse son las manifestaciones estudiantiles por cualquier causa. Algunas le involucrarán aunque no quiera. A veces son pacíficas, otras veces no.

Un día invernal de 2002, vinieron a visitarme manifestantes de SOLE [siglas en inglés de Estudiantes Organizados por la Igualdad Laboral y Económica]. Una de sus preocupaciones eran las condiciones de trabajo, en algunos países en vías de desarrollo, de los obreros fabriles productores de la ropa deportiva que vendían los proveedores de la Universidad de Michigan. Otra eran las prácticas laborales de una compañía en el estado de Nueva York, que también producía esa indumentaria. Permítame asegurarle que me opongo apasionadamente a las prácticas empresariales ilegales, poco éticas o que transgreden las normas reconocidas, especialmente a aquellas que facilitan la explotación de las personas. También tengo una enorme debilidad en mi corazón por los estudiantes que salen en defensa de los marginados, muestran una fuerte corriente de idealismo y están preparados para asumir riesgos personales a fin de crear un mundo mejor. Estas cualidades describen a la mayoría de los estudiantes afiliados a SOLE en nuestra universidad.

Al mismo tiempo, me sentía obligado a confrontar a los estudiantes con algunas de las graves consecuencias económicas que se derivarían si nuestro centro flexionara sus músculos y se empleara a fondo en tratar de enderezar supuestos entuertos. Ellas podrían incluir pérdidas de empleos e ingresos para las mismas personas a quienes querían ayudar.

No diré que cambié inmediatamente sus puntos de vista. Pero estoy seguro de que haber contado la historia de mi colega catedrática —y de cómo sus simpatías por el marxismo cedieron lugar ante los hechos a una comprensión más objetiva, equilibrada y matizada de las mismas preocupaciones— ayudó a estrechar la brecha que de otro modo habría sido un abismo inmenso entre nosotros. También creo que el relato contribuyó a la educación de los estudiantes (lo cual, después de todo, es la misión de una universidad) en una forma mucho más memorable que cualquier discusión sobre economía internacional en un aula.

*Fundamentos de contabilidad.* El lenguaje de los negocios, y de toda organización en lo referente al dinero, es la contabilidad. A este respecto no podemos darnos el lujo de suponer lo que hacen los estadounidenses cuando viajan a un país extranjero, es decir, suponer que todos hablarán inglés. No, los líderes necesitan aprender el lenguaje de la contabilidad.

Esto se refiere específicamente a la contabilidad financiera (en oposición, por ejemplo, a la contabilidad de costos), que cubre —como mínimo— tres declaraciones financieras principales: ganancias y pérdidas (o rentas y gastos), balance general, y flujo de caja. También es importante comprender los presupuestos, tanto el operativo como el de capital, y cómo se deben evaluar los resultados cotejándolos con el plan y con períodos anteriores.

La contabilidad, según la practican al más alto nivel auditores y contables principales, impone una gran cantidad de detalles esotéricos. Gran parte de ella es intelectualmente interesante, pero no básica en la comprensión de un alto directivo. Una forma de separar el grano de la paja es aprender a leer e identificar asuntos importantes en las notas al pie de las declaraciones financieras y en algo que las acompaña y que se conoce como «Discusión y Análisis Administrativo». Preste atención especial a una sección llamada «Estimados Clave de Contabilidad», ya que las declaraciones financieras, desmintiendo su apariencia de alta precisión, están repletas de estimados y son fuertemente afectadas por cosas invisibles como las políticas de reconocimiento de renta y los calendarios de depreciación.

Enfocarme en tres preguntas críticas me ha mantenido bien informado en relación con la complejidad de los informes financieros. Se las debo a mi padre, para quien auditar es un llamado tan sagrado como un sacerdocio (él es contable público certificado):

- ¿Qué está sucediendo con los *flujos de caja* (en oposición a las ganancias reportadas que son mucho más afectadas por los estimados)?

- ¿Cuáles son los resultados *verdaderos en relación con los reales* (a diferencia de los reales en relación con el plan o el presupuesto)?

- ¿Cuáles son los resultados de *operaciones comparables* en el presente período en comparación con períodos anteriores (lo que los vendedores detallistas llaman comparaciones «en una misma tienda»)?

Si usted es capaz de determinar la razón *efectivo entrante - efectivo saliente* en el presente período (año, trimestre, mes) y cotejarla con el último período de operaciones comparables, eso le revelará mucho acerca del rendimiento operativo actual de la empresa.

Los balances generales pueden parecer complejos, pero en el fondo son muy sencillos. Responden una pregunta fundamental: ¿Cuán sólida es esta compañía desde el punto de vista financiero? ¿Cuáles son sus activos, especialmente líquidos y reales (efectivo, cuentas a cobrar) en relación con sus pasivos, especialmente a corto plazo (cuentas a pagar)? ¿Cuál es la cantidad de la deuda y cuándo debe amortizarse? ¿Qué me dice el balance general en cuanto al posicionamiento de la organización para capear tiempos difíciles, en los que el flujo de caja neto es débil o negativo durante un período prolongado?

Por último, la comprensión de la contabilidad exige atención a un asunto menor, pero vital: la calidad del control interno en la organización. Sin fuertes controles internos (por ejemplo, políticas financieras y contables y apego a las mismas; exactitud en los registros contables, prevención y detención del fraude), *¡no hay ninguna razón para creer lo que las declaraciones financieras están* *mostrando con aparente precisión!* Si no, ¿cómo explicar el colapso sufrido virtualmente de la noche a la mañana por empresas como Enron, WorldCom y Parmalat, cuando sus declaraciones financieras sugerían una excelente salud? ¿De qué valían los controles (y las auditorías) en Parmalat cuando una cuenta de diez mil millones de dólares que la empresa tenía con Bank of America —una cuenta incluida durante años en su balance general auditado y publicado— resultó ser *ficticia*?

Por medio de su atención y su experiencia, los líderes deben desarrollar un instinto para interpretar los informes financieros, que puede resumirse en esta simple pregunta: «¿Creo que son lógicas estas cifras?». (Debo atribuir también esta pregunta a mi padre, el contador público.) Yo tuve una experiencia extremadamente difícil, que puede ilustrar la importancia de esta pregunta, cuando era director de F & M Distributors, Inc., una compañía pública que acabó en la bancarrota.

F & M era una compañía detallista de rápido crecimiento dedicada a vender productos de salud y belleza con descuentos. En cada reunión del directorio, la gerencia presentaba un informe color de rosa sobre los resultados financieros, enfatizando el aumento de los ingresos como la medida clave del éxito de una compañía impetuosa. Las ganancias eran modestas y el flujo de caja restringido, lo cual no es raro en una empresa en crecimiento.

Pero mientras yo estudiaba las declaraciones financieras, delineaba en un gráfico ciertas tendencias y trataba de conformar mi propia proyección, me pareció que había motivos reales para preocuparse por la sostenibilidad del crecimiento del negocio. Sus magras ganancias, reducidos balances de efectivo y sustanciales niveles de deuda planteaban una amenaza a su viabilidad financiera a largo plazo. Me preocupó mucho que como miembro del directorio (un empleo a tiempo parcial) yo me estuviera preocupando más por nuestra trayectoria y consecuencias que los mismos gerentes que trabajaban a tiempo completo.

A partir de entonces hice muchas preguntas, recibí respuestas que me parecieron inadecuadas y empecé a ser obviamente percibido por la gerencia y mis colegas como el ave de mal agüero de la junta directiva. No obstante, después de verificar y volver a verificar mis cifras, concerté una entrevista privada con el presidente del directorio y le dije que creía que nos estábamos encaminando a una eventual bancarrota, aunque de momento no lo pareciera. Le señalé que, tal como yo lo veía, la gerencia tenía que tomar inmediatamente varias medidas, entre ellas, cerrar las tiendas que estaban perdiendo dinero, desacelerar el ritmo de expansión y preservar el efectivo. De no hacerlo así, yo renunciaría al directorio. Pero no lo hicieron, y dieciocho meses después de mi renuncia la compañía estaba solicitando protección legal por bancarrota.

La moraleja de esta historia es que las cifras optimistas que se estaban mostrando en las reuniones del directorio no cuadraban con las de mi análisis, con lo que había visto que estaba ocurriendo en las tiendas y almacenes, ni con las anécdotas negativas que me habían contado mi esposa y sus amigas de su experiencia como compradoras. *Algo andaba mal.* Y como líder, usted necesita desarrollar tales instintos y poder confiar en ellos. Es imperativo que obedezca su inquietud, y parte de ello consiste en estudiar las cifras en solitario.

Tal vez sería un bonito final para esta historia contarle que demostré que era un genio y que salí bien parado de todo eso. La verdad es que salí entrampado en litigios legales, puesto que después de que la compañía se declaró en bancarrota, fue objeto de demandas judiciales (como casi siempre sucede) y todos los directores, presentes y pasados, fueron arrastrados a ellas. Al final, se llegó a un arreglo, pero fue una experiencia difícil y preocupante.

Lección a aprender: los líderes tienen que tener pleno dominio de sus cifras, ¡y estas tienen que ser sensatas!

## Suba la varilla y asegúrese de que quede firme

Los líderes son responsables de un sistema de trabajo y de las personas involucradas en el mismo. Es importante esperar un alto rendimiento del personal, por lo que es justo comunicar esas expectativas con normas que reduzcan la ambigüedad, aunque sin renunciar a la flexibilidad, la iniciativa y la innovación, todas ellas valiosas herramientas. Los trabajadores deben poder contar con que se les informará de lo que se espera. Es responsabilidad de los líderes ofrecer la respuesta, definiendo claramente las normas de rendimiento, y comunicándolas.

En muchos perfiles profesionales las personas cuentan con normas claras de rendimiento. Los vendedores, por ejemplo, tienen metas y cuotas; los abogados se guían por casos ganados, perdidos y arreglos extrajudiciales, a la vez que generan horas a cobrar; los médicos de las clínicas HMO se ocupan de una comarca definida de pacientes y pueden considerar los resultados y los parámetros de costo; los profesores enseñan una cantidad requerida de horas; a los maestros se les suele evaluar por el rendimiento de sus estudiantes en pruebas estándar; los que administran carteras de acciones se esfuerzan por conseguir un retorno total mejor que el promedio del mercado y mayor que el de sus similares; los ejecutivos principales procuran aumentar los ingresos y el valor de las acciones por encima del promedio de la industria.

Hay un adagio de los negocios que sentencia que «lo que se mide capta la atención». Un corolario de esa máxima es que lo que capta la atención —y los incentivos— produce resultados. Un rasgo importante del liderazgo reptil es fanatizarse con las evaluaciones, especialmente en el área de las normas de rendimiento para individuos, grupos, unidades (divisiones, departamentos, equipos), y para toda la organización.

Sí, es cierto que enfocarse excesivamente en resultados mesurables puede derivar en consecuencias indeseadas y no intencionales. También es cierto que existen áreas de rendimiento de vital importancia que no se prestan fácilmente a ser evaluadas. Es verdad que quien sabe el precio de todo y no sabe el valor de nada es un mal líder y un mal economista. Pero nada de esto disminuye el hecho central de que los líderes deben expresar con claridad meridiana qué constituye para ellos un rendimiento excelente. Es su deber exigirlo, evaluarlo, recompensarlo y tomar medidas cuando existen reiteradas deficiencias de rendimiento.

El movimiento en favor de la calidad en Japón, Estados Unidos y el resto del mundo durante los últimos treinta años ha contribuido enormemente a «hacer visible lo invisible», como suelen decir los japoneses en relación con las normas de rendimiento. Gordon Food Service (GFS), una compañía privada familiar de más de cien años de antigüedad fundada con sede en Grand Rapids, Michigan, posee un programa de calidad que puede ser un buen ejemplo. (Aclaración: He sido miembro del directorio de GFS durante dieciocho años.) GFS es un negocio conceptualmente sencillo, pero complejo desde el punto de vista operativo. Compra unos diez mil artículos alimenticios diferentes a los fabricantes, los recibe y almacena, y luego los vende y entrega a miles de restaurantes, instituciones y otras operaciones de servicio gastronómico en Estados Unidos y en todo Canadá.

Las divisiones de la empresa informan regularmente sobre sus resultados financieros y su desempeño en materia de calidad. Las normas de rendimiento no podrían estar más claras, y se comunican sin lugar a confusiones a todos los empleados, así como a los clientes y proveedores de GFS. He aquí un ejemplo de los resultados obtenidos durante un reciente año fiscal:

### Programa de calidad
### de Gordon Food Service
### Resultados del año

| Área de calidad | Meta de rendimiento | Rendimiento real |
|---|---|---|
| % en existencia | 98.90% | 98.83% |
| Envíos despachados a tiempo | 98.80% | 99.20% |
| Seguridad vehicular | 91.25% | 90.49% |
| Seguridad del personal | 95.60% | 96.17% |
| Créditos | 0.70% | 0.73% |
| Pérdidas de productos preenvío | 0.19% | 0.19% |
| Sugerencias de los empleados atendidas | 99.00% | 91.00% |
| Programa de participación de proveedores | 100.00% | 100.00% |

Gráficos como este que presentan las metas de calidad y los resultados pueden verse por toda la compañía. GFS es un buen ejemplo de una empresa que define sus normas de rendimiento con claridad, las evalúa cuidadosamente y las da a conocer por todos los medios posibles.

Es también una compañía que cree firmemente en los incentivos y que vincula estrechamente la remuneración de sus empleados y otras recompensas al rendimiento individual, por equipos y de toda la empresa. Tengo que decir que no conozco otra organización que enaltezca tanto a sus empleados y a sus divisiones de mayor rendimiento que GFS. Como miembro del directorio he tenido el placer de participar junto con operadores de tráfico, choferes, vendedores, almacenadores y miembros de la familia Gordon en actividades irrepetibles como las Olimpiadas de verano en Atlanta o los Juegos Olímpicos de invierno en Salt Lake City. Esta es una de las formas que tiene Gordon de agradecer a sus empleados destacados (y a sus familiares) y de celebrar su extraordinario rendimiento laboral. Si el lado reptil de GFS radica en su evaluación del rendimiento y sus incentivos, su extraordinario lado mamífero es el reconocimiento a sus empleados.

## Cómo tratar con bravucones

Me he percatado de que un noventa y cinco por ciento de aquellos con quienes tratamos como líderes son buenas personas. Se trata de seres humanos normales que coinciden más o menos con uno en la mayoría de las cosas, pese a las ocasionales diferencias sobre asuntos de importancia. Pero todo líder se ve obligado a tratar con un puñado de personas profundamente neuróticas. Gente que no «juega» bien con los demás, como solía decir mi ex asistente. Y muchos tienen un problema especial con aquellos que ejercen autoridad sobre ellos (por ejemplo, usted). Quizás son problemas familiares no resueltos, o misterios de la química cerebral, o quién sabe qué, pero como líder, a usted realmente debe tenerle sin cuidado el porqué. Lo que sí le importa y sabe es que estas personas son un problema.

Los bravucones son un caso especial de «gente problemática», y los líderes deben tratar con ellos con especial severidad. Son versiones adultas de la variedad escolar, de aquellos que aterrorizan a los niños decentes, la toman con los débiles y generalmente tratan de imponer su personalidad pendenciera para lograr sus propósitos. Al tratar con ellos, su misión es defender a los menos poderosos, ya que los bravucones no suelen ser muy valientes y tienden a enfocar su atención en personas a quienes puedan doblegar.

El líder debe ser estricto con ellos, pues la única fuerza capaz de disuadirlos es el poder que usted posee, y el único idioma que entienden es el de la acción. Interpretan el diálogo como una forma de apaciguamiento. Creen que la colaboración y la avenencia genuinas son para los débiles, a diferencia de las engañosas y efímeras bravatas que son su especialidad. Los bravucones son una grave amenaza para el bienestar de cualquier organización. Una lección difícil pero necesaria que deben aprender los líderes con éxito es que a estas personas es preciso tratarlas de forma diferente a la mayoría. La meta y la estrategia de un líder al tratar con un bravucón debe ser prevalecer por medio de su poder y de un uso apabullante del mismo.

### Servir como juez y jurado: Violaciones de la política interna e infracciones contra la integridad

Le contaba al principio de este capítulo un ejemplo clásico de cómo un empleado violó las normas universitarias, se comportó sin integridad y después mintió para tratar de encubrirlo. Tuve que despedirlo. La mayoría de los incidentes relacionados con violaciones de la política interna e infracciones contra la integridad son menos dramáticos, pero el principio por el cual deben guiarse los líderes fuertes es el mismo: sea estricto, y asegúrese de que el castigo sea proporcional a la ofensa. La justicia es importante, pero lo es más todavía que al afrontar esas infracciones de manera firme y justa usted pueda evitar que se repitan más adelante.

Yo he sido presidente o miembro de los comités de auditoría de las juntas directivas de varias compañías. Prestar servicio en un comité de auditoría nos expone al lado más inmoral de la conducta humana en una organización. En todas las reuniones se informa de casos de fraude, cometido por empleados, que se han detectado, investigado y sancionado. Aunque se trata de una pequeña cantidad de casos, es lo de nunca acabar. Constituyen un testimonio de la debilidad del carácter humano. La mayoría tiene que ver con el robo de dinero o propiedades motivado por la codicia, diseñado con creatividad y encubierto con deshonestidad.

Podría pensarse que las consecuencias para quienes perpetran esos actos son complejas y variadas, ya que la naturaleza de las ofensas varía. Pero en realidad no es así. Casi sin excepción el empleado es despedido, y en la mayoría de los casos procesado en los tribunales. La gerencia y los comités de auditoría saben que deben respaldar su política interna con actos, y recordar al personal que, una vez sorprendido *in fraganti*, el delito no paga.

A veces vale la pena tomar medidas drásticas aun a sabiendas de que no resultarán. Tal vez esta afirmación le sorprenda, pues es lícito pensar que la credibilidad de la gerencia sufriría. He aquí un caso en el que eso no ocurrió.

En una compañía donde trabajé como ejecutivo sabíamos que teníamos a un traficante de drogas que vendía su mercancía desde su automóvil, en el estacionamiento de una de nuestras instalaciones. Algunos empleados se quejaron reiteradamente. Pero por más que tratábamos, no podíamos reunir evidencias sólidas contra el criminal. A pesar de ello, convencimos a la policía local de que tenía allí una causa probable. El hombre fue arrestado, pero al final no fue procesado por falta de pruebas.

Sin embargo, ocurrieron como resultado dos cosas positivas. Primero, que él se fue de nuestra empresa. Y segundo, que los empleados supieron que nos preocupábamos lo suficiente por su ambiente laboral y sus sugerencias de adoptar medidas, aun en el caso de que no dieran el resultado apetecido.

## Recortes

Mi difunto amigo Mike Walsh, que fuera ejecutivo principal de Union Pacific Railroad y Tenneco Corporation, dijo una vez: «Si no puedes soportar tomar medidas drásticas, no te hagas gerente. Es como elegir hacerse cirujano cuando uno no puede ver sangre».

Se trata de una buena analogía, pues tanto los cirujanos como los gerentes se ven precisados a dar numerosos cortes. Los cirujanos cortan tejidos. Los gerentes, de cuando en cuando, deben hacer reducciones de presupuesto, empleos, proveedores, eliminar tiendas enteras, instalaciones y operaciones. Como el trabajo del líder es tan complejo y cargado de emociones, a su alrededor ha surgido un vocabulario eufemístico. Las compañías «reducen o ajustan su tamaño», «se reestructuran», «se aprietan el cinturón» o «se aligeran». Llámelo como quiera, al final son recortes.

Los cirujanos son los tipos duros del mundo de la medicina. Ser un tipo duro en su especialidad no significa que fuera del quirófano no sean personas corteses y agradables, o que no traten bien a sus esposas, sus hijos y sus perros. Pero a la hora de la verdad esperamos que nuestros cirujanos sean tipos duros: profesionales, determinados, competentes y al mando de la sala de operaciones. Es exactamente así como debe ser un líder cuando afronta la difícil pero necesaria tarea de recortar personal y recursos.

Particularmente creo haber presenciado todos los errores posibles que puede cometer un líder al hacer recortes. Vi a un gerente comportarse como un tipo duro, a lo Clint Eastwood, antes de tomar la decisión de recortar, para después delegar todo el trabajo sucio en el departamento de recursos humanos, lo contrario de predicar con el ejemplo. He visto a directivos tan traumatizados por tener que dar las malas noticias a sus empleados, que se dejaron derrumbar por sus emociones y se convirtieron en autómatas hasta que todo hubo terminado. He formado parte de un equipo de dirección abrumado de culpabilidad y pesar por lo que teníamos que hacer. Como resultado, aprobamos un programa de pagos por separación tan generoso que impidió que los empleados despedidos afrontaran la necesidad vital de empezar a buscar trabajo tan pronto como dejarán la empresa. Muchos acabaron deprimidos, inefectivos y como en un letargo.

Estuve cerca de una situación en la cual la comunicación era tan mala, que un empleado salió de una reunión pensando que había recibido una evaluación positiva cuando lo que tenía que hacer su supervisor era ¡despedirlo como parte de un recorte de personal! Este empleado literalmente no sabía que lo habían despedido; me enteré cuando tuve que corregirle el mensaje. ¿Cómo es posible que eso suceda?, se preguntará usted. Fácil: cuando un supervisor nervioso incurre en la siguiente clase de diálogo confuso:

«¿Sabes, Joe? Tú has sido un magnífico empleado por mucho tiempo. Estamos verdaderamente agradecidos por todo lo que has hecho por la compañía. Todo el mundo aquí tiene una gran opinión sobre ti. Pero pasamos por tiempos difíciles y todos tenemos que poner de nuestra parte. Lamento que las cosas no estén saliendo como habíamos planeado. Realmente lo siento. De nuevo, gracias, Joe, por todo lo que has hecho por la compañía. Eres una persona fuerte y sé que vas a estar bien».

Fin de la reunión. El supervisor cree haber comunicado así el mensaje de separación, mientras que Joe cree haber recibido una extraña, pero positiva evaluación de su trabajo. Sí, esas cosas pasan.

Un liderazgo fuerte y efectivo requiere, al efectuar recortes, un enfoque de cirujano: profesional, planificado, resuelto, competente y al mando. Como el paciente en este caso está despierto y consciente, aunque por lo general en estado de shock, son necesarios otros requisitos. El líder debe comunicar de manera honesta y clara que se van a hacer recortes, por qué, quiénes serán los afectados y cuándo tendrán lugar. Al dar la mala noticia, el líder debe dar ejemplo ocupándose de despedir personalmente a aquellos en la lista que responden directamente a él, y comunicando en persona a sus subordinados la necesidad de reducir las operaciones y el presupuesto.

La presentación de estas noticias debe ser transparente, sucinta y comunicada de una manera que transmita respeto y dignidad a la otra persona. El líder debe mantenerse emocionalmente fuerte, observando con simpatía las reacciones de enojo (o perplejidad, o pesar) pero sin sucumbir a ellas ni reciprocarlas. Muy temprano en mi carrera cometí el error de dejar a una persona llorando en una habitación después de despedirla, porque no podía soportar seguir allí. Pronto, toda la organización se enteró de lo que yo había hecho y me tildó de despiadado, con toda razón. Desde entonces, me quedo en mi escritorio, espero, y les ofrezco un pañuelo, hasta que las lágrimas amainen y podamos darle a la reunión una conclusión apropiada.

Mi experiencia me dice que cuando uno tiene que dar malas noticias, las personas nunca reaccionan bien a la indiferencia o la severidad, por un lado, ni tampoco a que trate de dorarles la píldora o les muestre simpatía fingida. Lo que agradecen es la verdad, los hechos, el control emocional y ser tratados con respeto. Esa es la manera de ser un líder fuerte en lo que se refiere a los recortes.

## Litigios y otros «juegos» de suma cero

Los economistas y los científicos que estudian el comportamiento han reconocido durante años que existen dos formas de «juegos» que las personas pueden practicar cuando hay recursos involucrados. A una de ellas se le llama «suma cero»: los recursos son fijos y cualquier cosa que uno gane vendrá a expensas del otro, y viceversa. A la otra forma se le denomina de ganancia mutua: el pastel de recursos puede expandirse si cooperamos, o contraerse si competimos. Hay diversas formas de jugar este último, con desenlaces que nos permiten a los dos ganar o perder.

La mayoría de las veces, los buenos líderes encuentran la manera de crear situaciones de ganancia mutua con sus empleados. Un buen ejemplo es compartir las ganancias. Si todos trabajamos juntos, hacemos un buen trabajo, e incrementamos las utilidades de la compañía, todos recibiremos una paga mayor mediante la repartición de las ganancias. Pero la ganancia mutua no siempre tiene que ver con dinero. Gran parte del liderazgo radica en comprender lo que desean los diversos participantes —clientes, empleados, proveedores, propietarios— y en concebir iniciativas, programas y tratos que permitan que todos queden en mejor posición.

Cuando era decano de la Escuela de Negocios de la Universidad de Michigan, para mí estaba claro que todos —catedráticos, estudiantes, personal de apoyo, ex alumnos y mis jefes en la administración central— deseaban que se fortaleciera el rendimiento y la reputación de la escuela, y (debemos admitirlo) que quedáramos en un lugar destacado en el escalafón nacional. Mi tarea era urgir a los catedráticos a hacer más y mejores investigaciones y a ser innovadores en la enseñanza y en el currículum; a recaudar dinero entre

los ex alumnos para apoyar nuestra causa; y a recabar la cooperación de los estudiantes para ayudar a mejorar la escuela y, como
resultado, quedar mejor clasificados en las periódicas encuestas
de *Business Week* y otros sondeos que establecían el escalafón. Y
funcionó, pues todos los participantes cumplían con su parte; la
escuela mejoraba, y con ello su reconocimiento. Reconocimiento
que convertíamos en más recursos y oportunidades para todos, en
una especie de ciclo de virtudes.

Sería magnífico que los líderes sólo tuvieran que practicar el
juego de la «ganancia mutua». ¡Es un gran acto mamífero! Pero no
es así. A veces se ven obligados a ejercitar juegos de suma cero donde hay un claro ganador y un claro perdedor, y la responsabilidad
del líder es ganar. Una tarea para un reptil.

Es sumamente importante que los líderes reconozcan el juego en
el que están participando y que se desempeñen en consecuencia.
A menudo he recibido expresiones confusas de personas que presentaron quejas o demandas legales contra mí. «Me pareció oírle
decir que quería resolver el problema», se lamentaban, «pero ahora
está diciendo que su meta es prevalecer». «*Sí* quería resolverlo, y
lo *habría intentado* hasta que la rana criara pelo», respondía yo.
«Pero usted escogió cambiar las reglas del juego cuando presentó
esa demanda. Ahora estamos en una disputa formal en la que un
tercero decidirá si yo tengo la razón o la tiene usted. Y eso es completamente diferente a colaborar para tratar de llegar a un resultado
mutuamente satisfactorio. Usted escogió este juego, me está atacando y yo me estoy defendiendo. Su objetivo es ganar, y también es el
mío. Ya no podemos ganar los dos».

Como ilustra la pirámide del liderazgo en el capítulo 3, los líderes necesitan ser altamente versátiles. Y en ningún momento es esto
más importante que cuando usted está implicado en un desacuerdo
y debe tomar la decisión consciente de pasar de la *solución infor-
mal del problema*, en la cual funciona mejor un enfoque mamífero

(por ejemplo, escuchando a la otra parte, o mediante la conciliación y la avenencia) a un *proceso formal de resolución de disputas*, tales como querellas y litigios, en el cual se requiere un enfoque altamente reptil (por ejemplo, extrema severidad).

Pasaremos ahora a estudiar el desafío de desarrollar la excelencia mamífera.

**Requisitos
del gran
líder**
Innovador
Dispuesto a correr riesgos
Apetito por el talento
Vista de helicóptero
Factor deslumbrante

**Requisitos
de reptil**
«Sangre fría»
Disciplinado
Sentido de lo económico
Dirección financiera
Verificar y controlar
Seguimiento
Atención a los detalles
Frío, desprendido
Analítico

**Requisitos
de mamífero**
«Sangre caliente»
Dispuesto a ayudar
Sensible a la gente
Capacidad comunicativa
Confiar, delegar
Otorgar poder
Atención al contexto
Cálido, comprometido
Orientado al desarrollo

**Requisitos fundamentales**
Deseo de autoridad
Capacidad, fuerza, carácter

# Excelencia mamífera

Hablando en la filial de Lawrence de la Universidad de Kansas, el 18 de marzo de 1968, Robert F. Kennedy dijo:

«El producto interior bruto no hace posible la salud de nuestros hijos, la calidad de su educación ni la felicidad de sus juegos. No incluye la belleza de nuestra poesía ni la solidez de nuestros matrimonios; la inteligencia de nuestro debate público ni la integridad de nuestros funcionarios públicos; no mide ni nuestro ingenio ni nuestro coraje; ni nuestra sabiduría ni nuestra capacidad para aprender; ni nuestra compasión, ni nuestra devoción por la patria; en pocas palabras, puede medirlo todo, menos aquello que hace la vida digna de vivirla».

Los pesares de Kennedy por las deficiencias del PIB también se aplican a los líderes incapaces de trascender a los reptiles. La competitividad de estos es una condición necesaria, pero no suficiente para alcanzar la excelencia en el liderazgo. Los líderes reptiles pueden capacitar a sus organizaciones para sobrevivir. Pero sólo los líderes mamíferos pueden hacer que las organizaciones y sus miembros florezcan.

## ¿POR QUÉ LOS LÍDERES NECESITAN AYUDAR A OTROS A CRECER?

En el capítulo 4 describí la excelencia reptil y expuse por qué los líderes deben ser fuertes, qué significa ser un líder fuerte y cómo podemos llegar a serlo. En este capítulo describiré la excelencia mamífera: por qué los líderes triunfadores deben ayudar a otros a desarrollarse y qué significa realizar un buen trabajo en lo referente al cuidado, la alimentación, el crecimiento y el desarrollo de las personas.

Espero que haya quedado claro en el capítulo anterior que ser fuerte no significa ser malévolo. Espero que quede claro en este que ayudar a otros no implica ser blando ni sentimental. En realidad, existe una razón sencilla, convincente y contundente para ser un líder intensamente cooperativo: es la única manera que conozco para desarrollar trabajadores altamente cualificados, que son el *sine qua non* de cualquier organización de alto rendimiento. ¡Contribuir al desarrollo de empleados excelentes es algo muy gratificante para un líder cooperativo!

Permítame contarle, por ejemplo, sobre Allan Afuah, el más extraordinario catedrático joven que conocí a lo largo de mis diez años como decano de la Universidad de Michigan. Él nació en una pequeña aldea de Camerún, África, donde todavía viven sus padres. Allí se habla un dialecto tribal que comparten solamente varios miles de personas. Allan fue educado por misioneros que identificaron su capacidad y su potencial académico, por lo que le urgieron a gestionar una beca y estudiar en alguna universidad en el extranjero. Se graduó como ingeniero en la Universidad de Oregón, y luego trabajó en la industria de la informática en el Valle del Silicón, en Austin, Texas, y en la Ruta 128, cerca de Boston. La curiosidad intelectual y el ansia de superación de Allan le condujeron al Instituto Tecnológico de Massachussets (MIT) y al campo de la estrategia corporativa, donde obtuvo su maestría y su doctorado. Su investigación se centró en modelos empresariales de la Internet, un área por entonces muy en boga. En 1995 lo reclutamos para que viniera a Michigan.

Allan se enfrentaba a los habituales desafíos de quienes aspiran a ganar una cátedra: enseñanza, investigaciones y publicaciones, además de servicio. Esforzarse es crucial para lograr un rápido éxito, y él era, sin duda, la persona que más se esforzaba en la facultad. No recuerdo haber llegado una sola vez a la escuela de negocios, fuera de día o de noche, día entre semana o de fin de semana, de vacaciones o festivo, que no estuviera en su oficina o en la biblioteca haciendo algún esfuerzo extra. Resultó ser un talentoso educador, y con el servicio no tenía problemas. Pero en el campo de la investigación, marchaba a su propio paso. Los novatos aceptan la ruta convencional como algo simple y universal: escoger un tema no muy amplio y publicar artículos modestos, pero de alta calidad, en las revistas más prestigiosas; ir poco a poco: aceptar su campo tal como es y ayudarlo a avanzar unos centímetros con su trabajo. El equivalente en términos de béisbol a tocar la bola o conectar hits sencillos para llegar a primera base, sin atreverse a buscar el jonrón hasta alcanzar la cátedra y el rango superior. Sus colegas martillaban estos consejos al oído de Allan. Él les escuchaba con cortesía, pero tenía un plan diferente.

Me interesé especialmente por él debido a la promesa extraordinaria que representaba, su notable ética de trabajo y su singular origen. Como sus colegas, yo también me aseguré de que conociera las vías convencionales para alcanzar un pronto éxito en el campo de la investigación. Pero me di cuenta de que no mordía el anzuelo, así que le pregunté qué pensaba hacer. Su plan era sencillo y audaz: «Voy a escribir un libro para utilizarlo en mi curso. Cada capítulo lo escribiré como un artículo, que enviaré para que sea publicado, y todo lo haré en menos de un año».

Sus colegas estaban convencidos de que esa era la fórmula de un fracaso seguro. Yo pensé que tal vez tenían razón, pero el talento y la determinación de Allan a lograr sus metas me impresionaron profundamente. También reflexioné que él ya había vencido adversidades mucho mayores en su vida de las que representaba su nueva apuesta profesional. Además, me di cuenta de que pensaba hacerlo a su manera, sin reparar en lo que nadie le dijera. Así que, como decano, decidí alentarlo y apoyarlo, en silencio, pero con persistencia, en formas tangibles e intangibles. Me detenía con frecuencia en su oficina para dedicarle algunas palabras de aliento.

Su triunfo fue brillante. Escribió el libro, publicó los artículos que lo integraban, y lo hizo todo en menos de un año. El resto, como se suele decir, es historia. Allan ha ascendido como un cohete al éxito académico. ¡Qué inenarrable gozo ha sido para mí poder seguir su trayectoria!

Recientemente, Allan me envió su último libro, y estuve hojeando las primeras páginas. En la dedicatoria encontré este tributo impreso:

A mi abuela, Veronique Masang Nkweta, y a las montañas de Bamboutou donde ella y mi madre labraban la tierra para que yo creciera.

Allan Afuah

En la misma página también encontré una nota manuscrita que me recordó qué gran privilegio es estar en una posición de liderazgo desde la cual uno puede apoyar el crecimiento y desarrollo de los demás:

Joe:

Gracias por crear un ambiente que nos permitió a todos dar lo mejor de nosotros. Te estoy eternamente agradecido. Este libro no hubiera sido posible sin tu liderazgo en Michigan. ¡¡¡Gracias!!!

Allan

## CONOCIMIENTO POSITIVO DE LAS ORGANIZACIONES: PROSPERAR, NO SÓLO SOBREVIVIR

¿Ha tenido alguna vez que acudir al psiquiatra? Si visita la clínica siquiátrica del Centro Médico de la Universidad de Michigan, la recepcionista le extenderá una hoja de papel color anaranjado brillante para que se la entregue durante la sesión a su sicoterapeuta (es de ese color intenso porque inicia el proceso de facturación, y los administradores no desean que usted, o el doctor, la olviden o la pierdan). En el anverso hay información sobre usted y su seguro de salud, si lo tiene. Pero al dar la vuelta a la hoja encontrará algo que a todos los profanos nos asusta.

Columna tras columna, en letra diminuta, se relacionan las posibles enfermedades por las cuales usted podría requerir la ayuda de un psiquiatra. Esta hoja clasificatoria de la Asociación Estadounidense de Psiquiatría tiene doscientos cincuenta y seis códigos. Se supone que su sicoterapeuta, después de una breve evaluación, marque las neurosis y sicosis que le están atormentando.

Eso está bien. Pero lo sorprendente es la ausencia de categorías como «le va bien, pero desea que le vaya mejor»; o «tiene un buen matrimonio, pero quiere enriquecerlo y profundizarlo»; o «parece sicológicamente sano, pero desea prosperar», y así sucesivamente. El campo emergente del «Conocimiento Positivo de las Organizaciones», POS por sus siglas en inglés, está dedicado a los equivalentes de estas aspiraciones individuales en las organizaciones.

Kim Cameron, profesora de organización y administración en la Escuela de Negocios de la Universidad de Michigan, y una de las fundadoras de POS, describe este campo como «el examen de dinámicas extraordinariamente positivas en las organizaciones, y de los factores que liberan al máximo el potencial de los seres humanos».

Cameron continúa diciendo que POS estudia características de las organizaciones como la gratitud, la colaboración, las virtudes, la vitalidad y la significación, en las cuales «la creación de abundancia y de bienestar humano», son indicadores primarios del éxito. Cameron y otros examinan características de las organizaciones como la confianza, la capacidad de recuperación, la humildad, la autenticidad, el respeto y el perdón entre los empleados. Sus investigaciones han conducido a teorías en torno a la trascendencia, la desviación positiva, el rendimiento extraordinario y las espirales positivas del florecimiento empresarial.

Me imagino que ahora mismo usted está descartando esto como si fuera una locura. Pero yo lo he visto funcionar, y sé que una aspiración puede hacerse realidad. ¿Y qué ser humano no agradecería la oportunidad de ser miembro de una entidad que pueda describirse así?

Es más, yo he tenido experiencias en organizaciones que ponen en práctica esta relevante visión. Lo hace Gordon Food Service. Lo ha estado haciendo durante años Southwest Airlines, el único competidor que ha sido capaz de sostener su éxito y sus ganancias en la industria estadounidense de las aerolíneas durante los últimos cuarenta años. También se observa en Focus: HOPE, de Detroit, una inspiradora organización no lucrativa que presta servicios humanos. Lo hacen muchas organizaciones de las cuales usted nunca ha oído hablar. Y muchos, como Allan Afuah, me han dicho que lo aplicábamos en los años noventa en la Escuela de Negocios de la Universidad de Michigan cuando yo era decano.

De modo que tengo razones para saber que el sueño imposible de POS es realmente posible. Y cómo es probable y deseable tener organizaciones que presenten *a la vez* un alto rendimiento y un alto grado de contribución al desarrollo personal, ¿por qué deberíamos transigir de nuevo por algo menos que eso? Respuesta: No debemos.

El conocimiento positivo de las organizaciones me recuerda una visita profesional que realicé a la prestigiosa Clínica Mayo hace veinte años. Un directivo médico describió la distribución en pies cuadrados de la clínica para tratar de comunicar una idea. Recuerdo que dijo: «El noventa y cinco por ciento de nuestro espacio está dedicado a las enfermedades: a diagnosticar y tratar dolencias de todo tipo. El cinco por ciento se dedica a la prevención: a tratar de determinar qué significa bienestar, ayudar a las personas a mantenerse sanas, y a mejorar una salud que ya es buena».

¿Por qué digo esto? Para recordar que el objetivo de los mejores líderes es crear las condiciones que permiten a las personas y a las organizaciones crecer, desarrollarse y prosperar, no sólo sobrevivir. De eso justamente trata la excelencia mamífera.

## CÓMO SER UN LÍDER COOPERATIVO

Para lograr la excelencia mamífera son indispensables tres actitudes y prácticas en el liderazgo:

- Tratar a las personas con dignidad y respeto.

- Identificar y desarrollar el potencial de los empleados.

- Centrarse en ellos, no en usted mismo.

### ¿Teme usted quemarse?

Un profundo estudio longitudinal acerca del «desgaste profesional» descubrió que entre los antídotos más efectivos contra este problema figuran: 1) un interés activo del jefe, 2) obtener mayor autonomía y apoyo, y 3) encontrar un trabajo que consideremos importante.[1] O sea, todas las cosas que ofrece un buen líder mamífero.

### Trate a las personas con dignidad y respeto

Cada día, en todas sus relaciones, usted tiene una opción como líder en cuanto a cómo tratar a las personas. Puede coaccionarlas y humillarlas; o puede mostrarse absorto, remoto y distraído; o puede escoger enfocarse en la gente, reafirmar su dignidad y ofrecerles respeto en formas pequeñas y grandes, verbales y no verbales, tangibles e intangibles.

En mi experiencia como líder me han sorprendido tanto la cantidad de oportunidades que se presentan para hacer en este sentido lo correcto, como el profundo deseo que tiene casi todo el mundo de ser tratado con dignidad y respeto por las personas que ocupan puestos de autoridad. Algunos llevan esta necesidad a flor de piel. Otros la encubren rechazando y desdeñando a los jefes. En cada caso, los líderes deben hacer un esfuerzo especial por extender su dignidad y respeto a todos.

Unos meses después de empezar a trabajar en Cummins Engine Company convoqué una reunión con todos los miembros de mi departamento. Después de mis palabras formales de apertura sostuvimos una sesión de preguntas y respuestas. Una mujer levantó su mano desde el fondo de la sala. Puedo recordar sus palabras como si hubiese sido ayer: «Señor White, yo soy solamente alguien que gana por hora de trabajo, pero…». Ella continuó con su pregunta, pero mis oídos jamás oyeron el resto. Esas palabras: *«Yo soy solamente alguien que gana por hora de trabajo»*, se me quedaron grabadas. Me impresionó la forma de autodenigrarse implícita en esa descripción («ganar por hora de trabajo») establecida por las leyes de tarifa horaria, ¡simplemente para asegurar que a las personas que no tienen un salario fijo se les paguen horas extra cuando trabajan más allá del horario de un día o una semana de trabajo normal!

Mi respuesta fue visceral, no razonada: «No me importa si usted gana por hora o si tiene salario fijo; si está exenta o no; si es graduada universitaria o no tiene educación formal alguna; si es hombre o mujer, negra, blanca o cualquier otra cosa. Aquí todos trabajamos unidos y usted no tiene necesidad de disculparse por ser quien es». Luego, le pedí que repitiera su pregunta y la respondí.

¿Por qué tuve una reacción tan vigorosa? La verdad es que no lo sé. Pero sospecho que tuvo que ver con mi amor y mi admiración por mis dos abuelos: por parte de madre, un inmigrante italiano que pintaba bombas de gasolina en la fábrica Bennett Pump de Muskegon, Michigan; y por parte de padre, un cocinero de una familia numerosa de Virginia. Una de las grandes cosas de la sociedad estadounidense es que somos muy pocos los que no podemos evocar un origen humilde, por lo que nos resulta fácil calzarnos los zapatos de personas que están en otros peldaños de la escala económica.

Hay otra razón por la que los líderes deben hacer un esfuerzo especial para extender su dignidad y respeto a las personas. Ellos deben comprender a nivel intelectual, si no orgánico, los miles de desaires que la mayoría de las personas, especialmente las que son pobres, impotentes o diferentes, experimentan a lo largo de sus vidas. Estos incidentes acumulados despojan a las personas de su dignidad y les transmiten falta de respeto.

Y no sólo a los pobres. Las experiencias de mi esposa me han sensibilizado acerca de la ocasional «invisibilidad» que ocasiona en ambientes sociales el ser una mujer de baja estatura. Una colega afroamericana que es una profesional de éxito me urgió a que observara las dificultades que afrontaba para que le permitieran hablar, expresar una idea y alcanzar aceptación en una reunión de un grupo de trabajo integrado principalmente por hombres.

Estos desaires pueden ser parte del tejido de la vida cotidiana cuando uno es bajito, o mujer, o forma parte de una raza o religión poco representada en la sociedad. Pero eso hace aun más importante que los líderes (o sea, usted) sean conscientes de sus propios prejuicios, frecuentemente no examinados y a veces profundamente escondidos, hacia estas cualidades. El único factor que le debe importar es la excelencia y el potencial para ella.

La otra cara de esta falta de respeto es el amor. (No, no estoy hablando de esa clase de amor. No tengo nada que agregar a ese tema, salvo confirmar que los líderes no deben involucrarse en esa clase de amor con sus subordinados.) Creo que algunos líderes tienen la capacidad emocional no solamente para tratar a las personas con dignidad y respeto, sino para amar en verdad a sus empleados. Esto se cumple si entendemos por amor un profundo vínculo emocional, un firme compromiso y un intenso deseo de contribuir al bienestar de las personas amadas. Cuando esto sucede, es algo raro, maravilloso y complicado (¿acaso no lo es siempre el amor?).

Hablo por experiencia, habiendo estado en dicha situación en posición de recibir, de dar y de observar. Irwin Miller amaba a Cummins Engine Company y a sus empleados, aunque no creo que hubiera escogido la palabra amar para describir sus sentimientos. Y lo mismo sucede con los veteranos líderes de dos compañías de las que soy codirector: Paul y John Gordon y su empresa familiar, Gordon Food Service; y Terence Adderley, de Kelly Services, una compañía fundada por su padre, William Russell Kelly. Tampoco ellos habrían usado la palabra «amar». Por mi parte, me place decir, sin calificativos, que yo amaba la Escuela de Negocios de la Universidad de Michigan y a nuestra gente: hablo de cientos de catedráticos y miembros del personal de apoyo, miles de estudiantes y decenas de miles de ex alumnos durante la década en que fui decano. Y muchos, muchos de ellos reciprocaban ese amor, lo cual creó una experiencia mágica para mí como líder.

¿Existen riesgos y problemas cuando los líderes aman a sus organizaciones y a sus empleados? Claro que existen. Recuerdo el comentario que hizo el director de una compañía que estaba realizando importantes reducciones de personal, acerca de la manera más justa de decidir quiénes serían los primeros en ser cesados: «¡Uno siempre se come de últimos los pollos a lo que les ha puesto nombre!». Recuerdo haber escuchado decir a un legendario inversor que no es una buena idea poner nombres a las compañías. Según él, sería mejor si se les identificara por un número, ¡pues así los inversores no crearían lazos emocionales con ellas! No obstante, aunque el riesgo de enamorarse de una empresa existe, creo firmemente que vale la pena correrlo.

## Identifique y desarrolle el potencial de las personas

Cuando los líderes se fijan en sus empleados, ¿qué es lo que ven? Algunos ven lo que los economistas llaman «factores de producción». Otros ven un montón de costos: salarios, beneficios y gastos indirectos. Hay quienes ven problemas de personal, todas esas molestas objeciones, demasiados días de ausencia por enfermedad, y potenciales quejas o demandas judiciales.

Pero cuando los mejores líderes mamíferos se fijan en su personal, ven algo deslumbrante y prominente: el *potencial*. Potencial para cumplir la misión y las metas de la organización, para luego crear otras nuevas y lograrlas también. Potencial para resolver todos los problemas que le preocupan al líder, y otros nuevos que inevitablemente aparecerán. Potencial para crear, innovar y cultivar la organización como algo de valor duradero.

No quiero cortejar demasiado esta idea, pero tampoco deseo retractarme de mi firme convicción de que la excelencia mamífera implica creer profundamente en la gente y en su potencial. Aun los líderes más humanistas y orientados a desarrollar a las personas saben que estas son «todo lo arriba mencionado». Sí, ciertamente las personas traen aparejados montones de problemas, pero también un chorro de potencial. Lo que caracteriza a la excelencia mamífera es que su visión de las personas como reservas de potencial compensa todos los demás aspectos humanos, igualmente reales y problemáticos. Y un excelente líder mamífero *actúa en consecuencia*, convirtiendo en su principal ocupación la enseñanza, el crecimiento, el desarrollo y la contribución plena de sus empleados, en lugar de enfocarse principalmente en los riesgos de «dejarse dominar» por la tropa relativamente pequeña de mentirosos, timadores y escurridizos que tiene en su nómina.

Doy testimonio de que a menudo me ha sorprendido lo que pueden desencadenar los líderes mamíferos cuando identifican a personas de talento y las desafían a hacer algo nuevo y difícil, o a asumir mayor responsabilidad.

Cuando un líder plantea estos retos asegurando que cree en la capacidad de la persona para vencerlos; cuando ofrece orientación en momentos críticos, y refuerza los avances a medida que ocurren, cosas maravillosas pueden suceder, y suceden. He aquí un ejemplo:

Cuando me nombraron presidente interino de la Universidad de Michigan, me fui directamente a conocer a la secretaria del presidente, Erika Hrabec. Tan pronto iniciamos la conversación, me di cuenta por su acento de que era oriunda del norte de Inglaterra, como mi nuera, que es de Liverpool. Consciente de «su lugar», Erika me pareció tímida y empeñada en no sobresalir. Ella era «una simple secretaria», aunque fuera la ayudante del presidente. Pero también me dio la impresión de que era inteligente, como sucede con muchas personas que se han abierto paso solas en la vida; no a la manera de una educación en Oxford, sino con una inteligencia de la calle, una persona con los contactos idóneos y que sabía cómo lograr lo que se propusiera. Además, tenía referencias de que era trabajadora, dedicada, confiable y leal, y de que no se le habían encomendado trabajos a la altura de su capacidad natural, sus ambiciones y su deseo de contribuir y crecer.

En resumen, le dije a Erika que sería mi asistente, no mi secretaria; que constituíamos un equipo; que su trabajo tendría una vital importancia para mí y para la oficina del presidente; y que yo iba a suponer que ella sería capaz de hacer cualquier cosa que le encomendara, a menos que me demostrara lo contrario, lo cual no esperaba que ocurriese a menudo. Le expliqué la visión de mi trabajo como presidente: yo representaba a toda la Universidad de Michigan ante el mundo, y de manera similar, ella me representaba a mí. Quería poder sentirme siempre orgulloso de la forma en que ella nos representara. Le dije que se ocuparía de mi calendario, y por tanto, de dos de mis más preciosos activos profesionales como líder: el acceso a mí y mi tiempo; y que se los estaba confiando para que los manejara con extremo tacto y profesionalidad.

---

### El poder del enfoque mamífero: un estudio clásico

Un famoso estudio sobre el liderazgo realizado en los años treinta del siglo XX investigó las diferencias entre líderes «autoritarios», «democráticos» y del estilo «laissez-faire». La pesquisa requería manipular la forma en que los maestros se comportaban con sus alumnos.[2]

Los profesores asumían específicamente un estilo de liderazgo dictatorial, participativo o pasivo. ¿Los resultados? Bajo condiciones autoritarias, los estudiantes eran más pasivos y reclamaban la atención y la aprobación del líder. En un entorno democrático, el alumnado mostraba menos tensión y hostilidad, y más cohesión y cooperación. Las condiciones laissez-faire promovían una productividad general, una satisfacción y una cohesión más bajas.

Es de notar que los índices de productividad eran comparables bajo las condiciones autoritarias y democráticas, con una única excepción. ¿Qué cree usted que ocurría cuando el maestro autoritario salía de la clase? Pues que todo el mundo dejaba de trabajar. En las condiciones democráticas, el trabajo continúa, aun si el líder está ausente.

---

La confianza que deposité en Erika fue espléndidamente recompensada. Ella venció todos los desafíos que le lancé y más. Unos meses más tarde, la gente me decía que no podía creer que fuera la misma Erika que conocían. Hoy día, ella presta sus servicios a Mary

Sue Coleman, la actual presidenta de la Universidad de Michigan, no sólo como asistente, sino como líder designada de la oficina del presidente. Para resumir esta historia sobre el poder de creer en el potencial de las personas, me place decir que invité a Erika, que es una ocasional trotadora, a participar conmigo en una carrera de media maratón y experimentar la satisfacción y el gozo de afrontar un gran reto en un terreno diferente del trabajo. Como es común en ella, expresó dudas sobre su capacidad para afrontar este nuevo reto; luego se decidió a hacerlo, y finalmente lo hizo. Cruzamos juntos la meta de la media maratón. Bueno, no exactamente: ella aceleró al final, ¡y me aventajó por una considerable distancia!

## Enfóquese en su gente, no en usted mismo

Ser líder puede convertirse en un gran viaje egocéntrico: ¡ciertamente es divertido ser alguien! Pero, paradójicamente, ser un líder *excelente* requiere olvidarse de uno mismo y asumir una actitud de servicio. Como paradoja relacionada, un fuerte liderazgo demanda un ego sustancial y una firme seguridad en uno mismo, pero también un ego contenido y una profunda humildad.

Robert Greenleaf captó muy bien estas paradojas en sus escritos sobre el líder-siervo. Greenleaf había hecho carrera como gerente en AT&T durante sus apacibles y prósperos días monopolistas. Después de jubilarse, y desde los sesenta y seis años hasta su muerte a los ochenta y seis, en 1990, se la pasó escribiendo, dictando conferencias y enseñando, tras haber escrito un importante ensayo titulado «The Servant as Leader» [El siervo como líder]. El Centro Robert K. Greenleaf para un Liderazgo Servicial resalta la filosofía básica en las propias palabras de Greenleaf:

Comienza con el sentimiento natural de que uno desea servir, primero servir. Después, una decisión consciente nos lleva a aspirar a liderar. . . La diferencia se manifiesta en el cuidado que pone el siervo primero en asegurarse de que las necesidades prioritarias de otras personas sean atendidas.

La filosofía del líder-siervo puede percibirse como una incongruencia o una simple curiosidad, en especial después de que en años recientes los titulares de los medios noticiosos hayan sido copados por líderes empresariales, políticos y de organizaciones sin fines de lucro, cuya filosofía podría resumirse como «un liderazgo para servirme a mí mismo». Me preocupa que una generación de jóvenes estadounidenses haya llegado a estimar el liderazgo como nada más que la oportunidad de acceder al poder, enriquecerse y obtener todo lo que desean.

¿Qué otra lección puede aprenderse de abusos como la aceptación de sobornos en las mismas gradas de la mansión vicepresidencial por parte del entonces vicepresidente Spiro Agnew; o de Richard Nixon tratando de encubrir Watergate; o las «indiscreciones» de la administración Clinton; o el saqueo masivo de la compañía pública Tyco International por parte de su presidente, Dennis Kozlowski; o los crímenes extremos de lucro personal cometidos por líderes de instituciones típicamente americanas como United Way y la Bolsa de Nueva York?

A mi modo de ver, cada uno de estos llamados líderes, y otros de su misma ralea, entre ellos los obispos católicos estadounidenses que trasladaban de una parroquia a otra a conocidos sacerdotes pederastas, en lugar de proteger sus rebaños confrontando y castigando a esos clérigos criminales, han sido un abominable fracaso como líderes. Ni sirvieron, ni lideraron. Y les enseñaron a los jóvenes lecciones equivocadas en cuanto a lo que significa ser un líder.

Por fortuna, existen en la escena nacional e internacional líderes que han establecido un ejemplo a imitar. Creo que el ex presidente de Sudáfrica Nelson Mandela y el Arzobispo Desmond Tutu han servido extraordinariamente bien al pueblo —a todo el pueblo— de Sudáfrica por medio de su liderazgo en la segunda mitad del siglo XX. El Presidente Ronald Reagan fue un hombre con ideas, con la valentía de sus convicciones, un deseo de servir y una aptitud para el liderazgo. La multitud de demostraciones de afecto y respeto manifestadas tras su muerte en 2004 sugiere que fue un hombre percibido por la mayoría de los estadounidenses como un líder-siervo, que les sirvió bien.

Pero creo que más importantes que esas figuras emblemáticas y distantes son las legiones de líderes que todos encontramos en nuestras vidas cotidianas y que son buenos ejemplos. Pienso en personas que he conocido, como Wendy Kopp, la fundadora de Teach for America, y Steve Mariotti, el padre de la Fundación Nacional para la Enseñanza del Empresariado (NFTE). Wendy, cuya historia es bien conocida, ha movilizado a miles de jóvenes para enseñar en todo el país en escuelas con déficit de maestros. Steve fundó NFTE mientras trabajaba como profesor de una secundaria superior pública en el sur del Bronx, en Nueva York. Él decidió que tenía que hacer algo que llevara esperanza y ofreciera un camino constructivo a los muchachos que veía encaminarse en la dirección equivocada. Desde 1987, NFTE ha impartido clases de «alfabetización empresarial» a más de sesenta mil jóvenes de bajos ingresos, en comunidades con déficit de maestros de Estados Unidos y el mundo.

Pienso en todos los capataces, jefes de departamento, directores de escuelas, alcaldes y otros líderes que he conocido en todos los niveles, gente que dirige sencillamente con pasión, habilidad e integridad; siervos-líderes que conciben el liderazgo como un privilegio, ponen los intereses de sus empleados por encima de los propios y contribuyen a hacer del mundo un mejor lugar. Wendy, Steve y otros semejantes no son santos ni son totalmente altruistas; ellos serían los primeros en decirlo. Pero en comparación con los monstruosos modelos del más alto nivel que han dominado las noticias durante tanto tiempo, son sin duda admirables.

## CAPACIDADES REQUERIDAS PARA ALCANZAR LA EXCELENCIA MAMÍFERA

A mi juicio, ciertas dimensiones de un fuerte liderazgo mamífero se basan en la personalidad, y tienen sus raíces en los primeros periodos de desarrollo de la infancia. No es posible transformar un pescado frío en un osito de peluche. Y sin embargo, hay cosas que los aspirantes a líderes deben saber, y en las que pueden trabajar para ser mucho más efectivos del lado humano de la ecuación del liderazgo. Las dos más importantes son las que denomino el «Trato de ensueño» y la «Tríada del liderazgo». También hay otras: ser efectivo al escuchar y comunicarse, recordando que las buenas ideas pueden surgir dondequiera, y mantener un sentido de ironía y humor.

### El trato de ensueño

Creo que la mejor anécdota de todos los tiempos acerca del reclutamiento de un líder tiene que ver con la manera en que Steve Jobs convenció a John Sculley para que renunciara a su prometedora carrera en PepsiCo y se convirtiera en ejecutivo principal de Apple Computers, en la década de 1980. PepsiCo era un gigante establecido de productos para el consumidor, y Sculley estaba en camino a convertirse en su presidente y ejecutivo principal, un anillo nada desdeñable en el mundo empresarial. En contraste, Apple era una compañía pequeña que, aunque muy prometedora, todavía luchaba a brazo partido por conquistar un lugar en la entonces flamante industria de las computadoras personales. Jobs, como suele ocurrir con los empresarios astutos, reconocía que necesitaba un líder profesional para su compañía. Identificó y comenzó a procurar los servicios de Sculley, reputado como uno de los mejores y más brillantes ejecutivos del país. Pero Sculley eludía los frecuentes acercamientos de Jobs y había rechazado la oferta de renunciar a Pepsi y sumarse a la gerencia de Apple.

Según se cuenta, Jobs logró finalmente cerrar su venta con esta frase brillante: «Mira, John, ¿quieres pasarte el resto de tu vida vendiendo agua con azúcar, o prefieres cambiar el mundo?».

En una sola oración interrogativa había sembrado en la mente de Sculley un poderoso sueño, y le había ofrecido la oportunidad de realizarlo. En eso consiste, básicamente, el trato de ensueño. Cuando enseño a mis alumnos a construir grandes organizaciones y desarrollar una sólida empleomanía, les aseguro que es sencillo: basta con capacitar a las personas para que realicen sus sueños colaborando con usted y realizando con excelencia el trabajo de su organización. Lo que más me gusta de la historia de Jobs y Sculley es que representa un recordatorio de que los mejores líderes no se limitan a *aceptar* los sueños que ya tiene la gente, sino que siembran en ellos *nuevos sueños* capaces de superar a los preexistentes. Y luego le permiten al soñador que los realice mientras aporta su tiempo y su talento al líder y a la organización.

En eso consiste el trato de ensueño. En el caso de Sculley, su antigua aspiración de ser presidente y ejecutivo principal de Pepsi fue suplantada por un nuevo sueño: cambiar el mundo como presidente y ejecutivo principal de Apple, mediante el poder de la tecnología informática a nivel personal. ¡Dígame si no es esa una manera impresionante e imaginativa de reclutar líderes!

Si uno se pone a analizarlo, es el trato de ensueño —sugerir un sueño y capacitar a las personas para que lo realicen— lo que mueve todo el sistema de libre empresa estadounidense desde la perspectiva de la motivación. ¿Le gustaría poseer una linda casa, enviar a sus hijos a una buena escuela, tener una jubilación segura, comprar una residencia en la playa? Cuando uno es rico, puede hacer todas esas cosas, ¿pero cómo se alcanza la riqueza? Inicie un negocio o consiga un trabajo; ahorre, consumiendo menos de lo que gana, e invierta sabiamente sus ahorros. Haga estas cosas, con un poco de suerte, y podrá ver realizados sus sueños. ¿Ya los cumplió todos? No se preocupe. ¡La máquina de sueños del estilo de vida americano le dará muchos otros que acariciar!

Claro que, como ejemplifica la historia de Jobs y Sculley, no todos los tratos de ensueño tienen que ver con la riqueza y la economía. Muchos desean distinguirse en el mundo. Quieren trabajar con personas a quienes respeten y admiren; quieren ser miembros de una organización de la cual puedan sentirse orgullosos; o tienen objetivos como la paz mundial o un medio ambiente más limpio, o la atención médica universal, sueños mayores de lo que pueden lograr por sí solos. Así que necesitan ser parte de una organización con una misión análoga.

Los líderes inteligentes hacen dos cosas excepcionalmente bien cuando se trata de reclutar y motivar a las personas. Comprenden los sueños de los demás y les demuestran cómo, si se unen a ellos y rinden a un alto nivel, estarán en capacidad de realizarlos. Además, son capaces de vender el propósito y la cultura de su organización como un medio para lograr los sueños que las personas ya tienen o estarían dispuestas a adoptar.

Cuando trabajaba como decano universitario tuve que reclutar a muchas personas para la facultad. Al principio ofrecía a cada prospecto una panorámica de las bondades de nuestra escuela y de cómo esperábamos mejorarla, y siempre terminaba preguntándoles si no les parecía emocionante participar en esa aventura.

Aprendí que esa exposición navegaba muy bien con algunos candidatos, mientras que con otros se hundía como una bola de plomo. Descubrí que había algunos candidatos realmente buenos que tenían un sueño singular; por ejemplo, convertirse en el principal experto mundial en soplones en la esfera de las transacciones bursátiles; o crear un centro de desarrollo sostenible; o desarrollar la próxima generación de catedráticos fungiendo como mentores de aspirantes a doctorado. Esas eran las cosas que a muchas personas les importaban apasionadamente, y en gran medida eran todo lo que les importaba. Se integraban a cualquier institución que les ofreciera la mejor oportunidad y el más firme respaldo para realizar sus sueños personales. Con candidatos a catedráticos como esos, aprendí a guardarme el comentario de que «esta va a ser una gran escuela y a usted le encantará formar parte del proceso». En su lugar, me concentraba como un láser en subrayar cuánto nos interesaban los soplones, el desarrollo sostenible o la educación doctoral. Así aseguraba que los candidatos supieran que nadie les podría ayudar mejor a capacitarse para perseguir sus sueños.

Puede que todo esto le parezca muy fácil. Pero, inevitablemente, aparecerán complicaciones. Por ejemplo, ¿cómo podemos saber cuáles son los sueños de cada persona? Una experiencia con mi pequeño nieto Bernie me recordó que no siempre es tan fácil. He aquí lo que sucedió.

Cuando Bernie asistía a la guardería infantil, se celebraron audiciones para la representación anual de Navidad. (¡Parece que en estos días hasta en la guardería infantil es necesario probar primero!) Bernie obtuvo el papel de José. Como José era el esposo de María y uno de los tres miembros de la Sagrada Familia, a todos nos pareció un magnífico papel para tan joven actor.

Mi hijo, Brian, nos contó que después de que Bernie recibió el papel, parecía enfurruñado. Un día, mientras los dos regresaban a casa en el coche del padre, Brian le preguntó a Bernie si había algún problema con su papel. Procuró estimularlo, diciéndole que tanto él como su mamá estaban entusiasmados con su próxima actuación como José. Durante un par de minutos se hizo silencio. Entonces, Bernie miró a su padre y le dijo cándidamente: *«Pero papá, yo quería ser el burro».*

¿Quién lo habría adivinado? Sin embargo, a lo largo de los años me he encontrado, con adultos en posiciones de liderazgo, similares sorpresas con relación a las aspiraciones y sueños de las personas. Nunca olvidaré que estaba en el programa de Maestría en Administración de Negocios de la Escuela de Negocios de Harvard cuando el decano anunció que un distinguido miembro de la facultad abandonaría la escuela para matricularse en el programa de graduados del Colegio de Arquitectura de la universidad. Aquello me sorprendió. Por ese entonces ya estaba considerando iniciar un programa de doctorado con el fin de alcanzar, después de muchos años, ¡lo que él estaba a punto de abandonar! No podía imaginar que alguien renunciara a lo que a mí me parecía un sueño casi imposible. Pero esa es la naturaleza de los sueños: se forman, y si tenemos suerte, llegamos a realizarlos, y luego ceden el paso a nuevos sueños y posibilidades.

Yo he aprendido a escuchar, observar e incluso preguntar directamente, con el fin de descubrir cuáles son los sueños de las personas que ven en mí a su líder. Siempre que he podido establecer una correspondencia entre lo que alguien desea y lo que yo puedo crear, con tal de que beneficie a la organización, lo he hecho.

Una vez escuché decir a Steve Jobs que las mejores compañías no son aquellas que se limitan a preguntar a sus clientes cuáles son sus necesidades para luego satisfacerlas. Las mejores, según él, son las que comprenden tan bien a sus clientes que identifican mejor que ellos sus propias necesidades y deseos, y los satisfacen. Deténgase a pensar un poco en esto. Ningún cliente solicitó la computadora Macintosh o el iPod, dos productos enormemente exitosos y adorados por los consumidores.

En el trato de ensueño existe un paralelo. Un líder con esta filosofía puede a veces tener la visión de una persona talentosa realizando algo importante y motivador, aun cuando a dicha persona ni siquiera le haya pasado por la mente. Recuerde el caso de Jobs y Sculley. O imagínese a Sandy Weill conmocionando a Sallie Krawcheck, por entonces una analista financiera de treinta y siete años, con una invitación totalmente inesperada para dirigir Smith Barney, la rama de asesoría financiera de Citicorp. Entonces podrá entender por qué ofrecer a alguien un trato de ensueño es uno de los aspectos más placenteros del trabajo del líder. ¡Y los resultados pueden ser a veces asombrosos!

Como ilustra la historia de Bernie y el burro, puede ser muy difícil saber cuáles son los sueños individuales de cada persona. Pero por suerte, a nivel colectivo, los sueños de la gente son bastante predecibles. Esto lo saben los mejores políticos, y tienen una gran capacidad para articular nuestros sueños de una manera que nos lleva a decir: «Esa persona sí que nos entiende».

Todo es posible para el líder que domina el trato de ensueño en lo referente a reclutar y motivar a personas talentosas.

## La «Tríada del liderazgo»: proyectar, apoyar, conectar

Cuando trabajaba en Cummins Engine Company, un grupo que habíamos contratado, dedicado al desarrollo de organizaciones, debía informarme sobre los resultados de su pesquisa. Una de las asignaciones que nos había encomendado el presidente era determinar por qué algunos de nuestros gerentes eran más efectivos que otros «introduciendo cambios» y por qué algunos tenían un historial superior en cuanto a desarrollar directivos subalternos. Observamos, estudiamos, documentamos, reflexionamos, discutimos y llegamos a la siguiente conclusión: los que eran capaces de encabezar más eficazmente el cambio, y los más exitosos en el desarrollo de líderes, compartían un enfoque común que pudimos sintetizar y describir sencillamente como «proyecte, apoye, conecte».

*Proyectar* significa crear un cuadro retador del futuro al que usted desea que aspire su organización, a veces por pura necesidad (por ejemplo, ante las presiones de nuevos competidores, o de los costos), y otras veces por decisión propia (por ejemplo, cambios de la misión o esfuerzos para pasar de una buena calidad a una excelente).

*Apoyar* quiere decir dos cosas. Primero, comprender las esperanzas, sueños, temores y ansiedades de las personas ante el cambio, y atenderlas tan cabalmente como sea posible. Y segundo, asegurar que todos tengan los recursos que necesitan, tales como autoridad, dirección, pericia, y su apoyo y confianza, a fin de cumplir con su parte en el proceso de cambio.

*Conectar* significa poner en contacto a las personas idóneas, asegurando así que ocurran las conversaciones y la coordinación adecuadas, e informando sobre los hitos del progreso realizado, de modo que todos estén en la misma página y avanzando.

En Cummins, fui testigo de cómo un liderazgo de este estilo «proyecte, apoye, conecte» nos permitió reducir un treinta por ciento de nuestros costos y revitalizar en tiempo récord toda nuestra línea de motores. Denominamos a esta iniciativa «La carrera de velocidad de treinta meses». Con frecuencia mensual informábamos a toda la organización sobre nuestros avances en el desarrollo de productos, la reducción de costos y otras medidas vitales. Administrar el cambio requiere planes, presupuestos y proyectar las herramientas a utilizar. Pero el aspecto humano también debe ser atendido, y lo que las personas necesitan de sus líderes es una visión de largo alcance, mucho apoyo y suficientes conexiones entre sí, con los recursos, y con la evaluación periódica de los avances.

Yo tenía presente la necesidad de proyectar, apoyar, conectar durante cada uno de los cuatro mil días que estuve al frente de la Escuela de Negocios de la Universidad de Michigan. Ello nos ayudó a concretar los cambios que había pensado: una educación y una experiencia de desarrollo mucho más ricas para nuestros alumnos; una subvención que creció de treinta millones de dólares a doscientos setenta millones; una mejoría de nuestra posición en el escalafón nacional; y reconocimientos como la mejor y más innovadora escuela de negocios del mundo. La tríada del liderazgo ayuda realmente a producir cambios en las organizaciones. Permítame explicarle.

«Proyectar» significa, en materia de desarrollo individual, visualizar un mejor yo; y luego fijarse metas y disponerse a cumplirlas. ¿Qué desea ser usted? Tal vez le gustaría convertirse en un excelente profesor y no sólo un buen profesor; o estar saludable y en gran forma física en lugar de ser obeso y sedentario; o ser un gran líder, y no un líder ordinario. Las probabilidades de que pueda hacerlo existen. En el estilo de vida estadounidense no sólo hay segundas oportunidades, ¡también terceras, cuartas y más!

Juzgando por mi experiencia, el papel de un líder en cuanto a la dimensión del desarrollo relativa a «proyectar» es sembrar posibilidades en las mentes de las personas. «¿Ha pensado alguna vez en perfeccionar sus dotes oratorias?». «¿Sabe una cosa? Probablemente no se le ha ocurrido y tal vez ni siquiera le interese, pero creo que usted sería un magnífico jefe de departamento». «Sé que usted no se concibe como una persona atlética —tampoco a mí se me ocurría—, pero existe un método para correr caminando que permite incluso a personas como nosotros llegar a la meta de una media maratón. ¿Qué tal si lo ensayamos juntos?». He dicho cada una de estas cosas (y muchas más) a algunas personas que trabajaron conmigo a lo largo de los años, y me ha asombrado ver cómo una pequeña semilla de una idea puede crecer hasta un nivel de realización y desarrollo.

«Apoyar» significa, en el campo del desarrollo individual, proporcionarles a las personas lo que necesiten, cuando lo necesiten, de modo que puedan seguir adelante. He aquí un ejemplo: cuando estaba en el último año de la licenciatura universitaria me tracé la ambiciosa meta de ir a la Escuela de Negocios de Harvard (HBS) y sacar una maestría en Administración de Negocios. Por aquel entonces, mientras me sentía un poco indeciso con mi futuro, leí un artículo acerca de HBS en la revista dominical de *The New York Times*. El retrato que hacía de la escuela como una institución vibrante y comprometida, pletórica de personas talentosas, y que durante décadas había sido una puerta de oportunidad hacia el liderazgo y el éxito, me causó una gran impresión. Llené mi solicitud y fui aceptado.

Durante los felices meses que transcurrieron entre mi aceptación y mi llegada a Boston había varias cosas que yo no sabía. Como que la clase en HBS constaba de ochocientos estudiantes, y no de ochenta (supongo que no investigué bien), ni que, como resultado de ello, era un lugar enorme e impersonal donde uno, como estudiante, se sentía a veces como una pieza de metal sobre la estera de una planta de estampado. Tampoco tenía idea de que encontraría entre mis condiscípulos un ambiente de intensa competencia

individual, espoleado por el alto grado de intimidación y sobre-
carga ejercido por los profesores. Ni tampoco imaginaba que, a los
veintidós años, sería uno de los más jóvenes e inmaduros de la
clase, en medio de oficiales veteranos de la guerra de Vietnam, contables públicos y otros compañeros de curso con bastantes horas de
vuelo acumuladas.

En el mes de septiembre, el primero del curso, todo eso me hizo
sentirme apabullado. Decidí que había cometido un grave error,
que aquel no era lugar para mí y que terminaría desertando o sus-
pendiendo el año. Atribulado, llamé a mis padres y les dije que
pensaba abandonar el programa.

Papá me dijo que podía comprender mi decisión. Me sugirió
que viniera a casa el viernes después de las clases para que pudié-
ramos descansar juntos él, yo, mi madre y mi novia. Cuando llegué
a casa, con el rabo entre las piernas, me recibieron sin someterme
a escrutinio ni preguntas sobre mis problemas en HBS. El sábado,
fui yo quien rompió a hablar del tema. Mi padre dejó sentado que
sólo a mí me correspondía tomar una decisión. Llegado el domingo, habíamos empezado a estudiar alternativas y le pregunté cuál
creía que podía ser la mejor. «Mira: ya has pagado la matrícula, el
dormitorio y las comidas del semestre, ¿Por qué no regresas, empie-
zas a asistir a clases y miras cómo te va?». Me pareció sensato y
acogí su sugerencia. Veintiún meses más tarde me estaba graduan-
do con honores en la Escuela de Negocios de Harvard. Siempre le
agradeceré a mi padre el haberme apoyado correctamente en un
momento de crisis.

Creo que llegué a interiorizar profundamente la sabia manera
en que papá me ofreció apoyo durante esa y otras crisis. Cuando
era decano en Michigan, solía describirles mi oficina a profesores,
alumnos y personal de apoyo como «una parada de recambio en
el carril rápido». La gente sabía que podía venir a mí en cualquier
momento, cerrar la puerta y exponer sus frustraciones, temores,

decepciones y ocasionales fracasos. Mi misión era escucharles con atención y luego, metafóricamente, cambiar sus llantas, llenarles el tanque, limpiarles el parabrisas, ofrecerles un refresco y un par de sugerencias sobre la estrategia de la carrera o su técnica de conducir. Y luego, devolverlos a la pista. En ocasiones, me tocaba decirle a alguien que su carrera como piloto había concluido. Pero las más de las veces el apoyo del líder consiste en ofrecerles una breve pausa, aliento, un poco de perspectiva y consejo, para que luego continúen avanzando.

«Conectar» significa, en relación con el desarrollo individual, asegurar que las personas cuenten con los medios y recursos para desarrollarse. Por ejemplo, las encuestas muestran que muchas personas temen hablar en público, como algo que debe ser evitado a cualquier costo. El comediante Jerry Seinfeld bromeaba una vez diciendo: «De acuerdo con la mayoría de los estudios, el temor número uno de la gente es hablar en público. El número dos es la muerte. ¡La muerte es el temor número dos! Entonces esto quiere decir que en un funeral la persona promedio se sentiría mejor dentro del ataúd que leyendo el panegírico».

Y sin embargo, la oratoria pública es vital en muchos papeles de la vida, tanto profesionales como personales (como podrían ser hacer un brindis en una boda o leer un panegírico en un funeral). Yo he conectado a muchas personas a través de los años a Toastmasters, una organización maravillosa dedicada a enseñar a las personas a ponerse en pie y hablar con mayor competencia y seguridad en sí mismas.

En resumen, la tríada de proyectar, apoyar y conectar puede resultar una guía inmensamente útil para un líder que se esfuerza por cambiar exitosamente una organización o por ayudar a la gente a crecer y desarrollarse. Es una gran herramienta de diagnóstico: «¿Qué necesita esta organización o persona en este momento que yo pueda suministrarle para permitir que siga progresando?». Y es un magnífico recordatorio de que, la mayoría de las veces, ayudar a las organizaciones y a las personas a avanzar es un proceso positivo. Es innegable que también se presenta la necesidad ocasional de llamarle la atención a alguien (he tenido que dar muchos de estos sermones) o de apretarle un poco (¡el apoyo viene en muchas formas!). Pero lo que la mayoría de las organizaciones y las personas necesitan, en la mayor parte de los casos, son nuevos desafíos que afrontar, perspectiva, espacio para respirar, alguien que crea en ellos, y recursos y herramientas para enfrentarse a los retos que han decidido acometer. En otras palabras, necesitan que sus líderes les *proyecten, apoyen y conecten*.

## Aprenda a escuchar
## y sea un comunicador efectivo

Esto es especialmente importante en nuestra era de comunicaciones instantáneas en la que la gente espera poder comunicarse con sus líderes oportunamente y sin filtros. Nada fomenta más la confianza que hablar directamente con el personal.

El académico Howard Gardner, especialista en liderazgo, argumenta que los líderes logran la efectividad mayormente a través de las historias que relatan y la visión que proyectan. Ellos cuentan anécdotas sobre sí mismos y sobre sus grupos, acerca de su procedencia y su destino, de lo que significa ser temido, resistido y soñado. Saber contar anécdotas es importante para un líder, pero igualmente crucial es que sea capaz de encarnar esas anécdotas en su vida.

Cuando uno ocupa una posición de liderazgo hay siempre un momento para transmitir experiencias. Pero una parte mayor de su tiempo debe dedicarla a hacer preguntas, escuchar, observar y aprender. Irwin Miller me dijo una vez algo muy valioso: «Los líderes tienen que preocuparse mucho más por lo que no saben que está ocurriendo que por los problemas que ya conocen». ¿Cómo se entera uno de lo que está ocurriendo? Siendo curioso, preguntando, observando y, sobre todo, escuchando, escuchando, escuchando.

## Recuerde que las buenas ideas pueden surgir en cualquier lugar y en cualquier persona

Este es un buen antídoto contra la naturaleza jerárquica de las organizaciones y la presunción de que en la cúspide de la pirámide residen más buenas ideas que en el centro o en la base. Mi experiencia me ha confirmado que eso no es cierto. Las buenas ideas residen en las personas creativas que están más cerca del trabajo. Los buenos líderes se aseguran de que sus subordinados a todos los niveles sepan que sus ideas son bienvenidas, respetadas y valoradas; que siempre encontrarán vías y formas de participar y contribuir; y que, de ser posible, las buenas ideas que aporten para mejorar serán puestas en práctica.

## Conserve el sentido del humor y la ironía

Nuestro tiempo en este mundo es breve, y como dice en una de sus canciones Jimmy Buffet, una parte de él es mágica y otra es trágica. Los líderes tienen la obligación de comunicar a sus subordinados un sentimiento de perspectiva, especialmente en situaciones de presión. La ironía y el humor pueden ayudar inmensamente en este sentido. He aquí un ejemplo: Ya le he mencionado a mi difunto amigo Mike Walsh, con quien trabajé en Cummins. Mike falleció trágicamente de cáncer cerebral a los cincuenta y tres años. Tenía un extraordinario talento para el liderazgo, es una lástima que se haya extinguido tan prematuramente. Tenía un gran sentido del humor. Un día nos hizo reír con una simpática ocurrencia sobre la importancia de buscar siempre una explicación creíble a las obligaciones de dirección.

Cuando uno dirige, hay muchas cosas que hace sólo porque tiene que hacerlas, pero para consumo público se necesita ofrecer una explicación plausible. Convencer a alguien de que renuncie «voluntariamente» es un buen ejemplo. Cuando llegue el momento de informar sobre la salida de la persona, el anuncio no dirá que «Juan Fulano abandona la compañía después de veinte años de extraordinarios servicios porque hemos decidido que ya no daba la talla y le dijimos que era mejor que renunciara antes de que fuera despedido». En cambio, dirá: «Estamos agradecidos a Juan Fulano por todos sus años de servicio y dedicación a la compañía; entendemos y aceptamos su decisión de dedicar más tiempo a su familia y a sus intereses personales».

Un grupo de nosotros estaba un día elaborando una explicación para una decisión de negocios durante un período especialmente tenso para Cummins, cuando Mike, tomando prestado un parlamento de la película *The Big Chill*, dijo: «Oigan, ¿han pensado alguna vez qué es más importante, si las explicaciones o el sexo?». Todos lo miramos extrañados; después de todo, los integrantes de aquel grupo estábamos trabajando quince horas diarias, seis días a la semana. «¿De veras que nunca lo han pensado?», continuó diciendo. «Pues claro que las explicaciones son más importantes. ¿Cuándo fue la última vez que pasaron una semana entera sin dar una?».

## Un caso típico de liderazgo mamífero

He aquí una anécdota que puede ilustrar la clase de presiones y retos que los líderes de alto nivel pueden afrontar de vez en cuando, y cómo un liderazgo mamífero puede salvar su día.

Cuando fui nombrado presidente interino de la Universidad de Michigan en enero de 2002, en reemplazo de Lee Bollinger, que pasó a asumir la presidencia de la Universidad de Columbia, heredé entre otras responsabilidades la decisión de nuestra universidad de defender la práctica de la acción afirmativa (antidiscriminatoria) en los procesos de admisión de la Escuela para Estudiantes No Licenciados y la de Derecho. Nuestro centro universitario había sido demandado por dos aspirantes blancos que contaban con la ayuda del Centro para los Derechos Individuales, con sede en Washington, D.C. Los casos habían recibido diversos fallos a su paso por las instancias judiciales, y la Corte Suprema de Estados Unidos había anunciado su decisión de escucharlos y tomar una decisión.

Faltaba por determinar *quién defendería a la Universidad de Michigan en los casos de acción afirmativa presentados ante la Corte Suprema*. En las cortes inferiores la defensa había sido asumida por un destacado abogado, John Payton, un afroamericano con un distinguido historial de litigios en materia de derechos civiles y que era uno de los asociados en la prestigiosa firma Wilmer Cutler Pickering, basada en Washington.

Payton suponía que él, y sólo él, podía representarnos y pelear nuestros casos ante la Corte Suprema. (Debe entenderse que defender, y especialmente ganar un caso de importancia histórica y grandes consecuencias sociales ante ese alto tribunal representa el pináculo profesional para un abogado de renombre. Entiéndase también que los abogados de renombre tienen egos proporcionales a su reputación y a sus tarifas honorarias.)

Cuando pasé a ser presidente interino descubrí, sin embargo, que el presidente Bollinger había contactado a otra jurista, Maureen Mahoney, de la firma Latham and Watkins, también con sede en Washington, para ayudar a representar a la universidad en los casos de acción afirmativa ante la Corte Suprema. Mahoney es blanca y republicana, y en el momento en que fue contactada tenía un impresionante historial en cuanto a casos ganados y perdidos ante la Corte Suprema. Durante una conversación me quedó claro que la señora Mahoney estaba convencida de que ella, y sólo ella, representaría a la universidad en los casos mencionados. También descubrí que John Payton no estaba enterado de la participación de Maureen. Recuerdo que entonces pensé para mis adentros que mi situación era similar a la que describían en la presentación del antiguo programa televisivo *Misión Imposible*:

«Presidente White, su misión, si decide aceptarla, es informar a cada uno de los abogados involucrados que hay otro que espera ser el representante exclusivo de la Universidad de Michigan en estos casos históricos ante la Corte Suprema. Usted debe decidir si uno de ellos representará en definitiva a la institución, y prescindir entonces de los servicios del otro sin causar un indebido malestar y un posible escándalo público. O puede decidir que los dos trabajen juntos para defender a la universidad, en cuyo caso su tarea será persuadir para que lo hagan a dos individuos de convicciones políticas opuestas y egos enormes y conflictivos, ambos muy enojados con usted, el cliente. Buena suerte. Esta grabación se autodestruirá dentro de sesenta segundos».

Varios directivos con quienes conferencié acerca de este difícil asunto me urgieron a escoger a uno de los abogados, aunque algunos favorecían a Payton y otros a Mahoney. Dediqué tiempo a estudiar personalmente a ambos, y escuché amenazas de abandonar el caso si trataba de emparejarlos. Pero gradualmente llegué a la conclusión de que, si me las arreglaba para hacer exactamente eso —persuadirlos para trabajar unidos de manera constructiva y aportar sus respectivas destrezas y perspectivas a la argumentación ante la Corte– entonces la universidad contaría con la mejor representación posible. Me pareció vital lograrlo, dado que estaba en juego el valor de la acción afirmativa en los procesos de admisión a una institución altamente selectiva como la nuestra, así como nuestra libertad para decidir sobre las admisiones.

Al final, mis colegas y yo conseguimos persuadir a Maureen y John para que trabajaran en tándem. Nos representaron conjuntamente y muy bien ante la Corte Suprema. John encabezó la defensa en el caso de la Escuela para Estudiantes no Licenciados, mientras que Maureen la lideró en el caso de la Escuela de Derecho. Tras una cerrada votación, la universidad prevaleció, la acción afirmativa en los procesos de admisión fue sostenida como un interés nacional preponderante (con ciertas importantes correcciones dictadas por el tribunal, exactamente sobre la cuestión de cómo tomamos en cuenta la raza al decidir una admisión), y conservamos nuestra autoridad y libertad sobre nuestras decisiones en ese sentido. La jueza Sandra Day O'Connor declaró su esperanza, que yo comparto, de que la acción afirmativa, aunque todavía es necesaria, llegue a ser obsoleta y no se necesite más en virtud del progreso social que lograremos en el próximo cuarto de siglo. Tanto John Payton como Maureen Mahoney hicieron un excelente papel representando a la Universidad de Michigan, y trabajaron efectivamente como equipo.

¿Cómo conseguí cumplir esta «misión imposible»? Comportándome como un buen líder mamífero. Nunca acepté los consejos ni las advertencias respecto a que si instábamos a John y Maureen a trabajar juntos, uno de ellos se retiraría del caso. Yo sabía que estábamos en posición de capacitar a ambos para que «vieran cumplidos sus sueños». No era inconcebible, pero sí poco probable que abogados de tanto renombre se perdieran la oportunidad de defender casos históricos ante la Corte Suprema de Estados Unidos, a menos que se sintieran menospreciados por su cliente. Así que los traté a los dos con gran respeto y les ofrecí una explicación plausible para que accedieran a compartir los casos: simplemente les dije que mi objetivo como presidente era contar con una fórmula de representación legal que optimizara las probabilidades de prevalecer para la institución, en dos casos legales de gran trascendencia. Les aseguré a Maureen y a John que confiaba en que un equipo formado por ellos dos, con sus distinguidas hojas de servicios, sus puntos de vista complementarios y sus respectivas especializaciones en los casos que cada uno defendería, representaba esa fórmula ideal.

Me alegro de poder informar que mi enfoque funcionó. Se requería excelencia mamífera, y su aplicación dio resultados.

En el capítulo 6 analizaremos el mayor desafío que usted encontrará en su desarrollo profesional: depurar sus capacidades reptiles y mamíferas y añadir otros ingredientes para convertirse en un gran líder.

**Requisitos
del gran
líder**
Innovador
Dispuesto a correr riesgos
Apetito por el talento
Vista de helicóptero
Factor deslumbrante

**Requisitos
de reptil**
«Sangre fría»
Disciplinado
Sentido de lo económico
Dirección financiera
Verificar y controlar
Seguimiento
Atención a los detalles
Frío, desprendido
Analítico

**Requisitos
de mamífero**
«Sangre caliente»
Dispuesto a ayudar
Sensible a la gente
Capacidad comunicativa
Confiar, delegar
Otorgar poder
Atención al contexto
Cálido, comprometido
Orientado al desarrollo

**Requisitos fundamentales**
Deseo de autoridad
Capacidad, fuerza, carácter

# El secreto de convertirse en un gran líder

En el capítulo 1 le revelé el secreto para *ser* un gran líder. Déjeme repetirlo aquí.

Para ser un gran líder usted tiene que ser capaz de *lograr cambios*: cambios importantes, trascendentes, en los resultados bajo su responsabilidad. Introducir cambios con éxito es el mayor desafío para un líder.

En este capítulo quiero compartir también con usted el secreto de *convertirse* en un gran líder. Ese secreto es que existen cinco cualidades que comparten todos los grandes líderes y que usted, hasta cierto punto, también puede desarrollar.

Dichas cualidades, según se muestra en la cúspide de la pirámide del liderazgo, son las siguientes:

- Ser innovador

- Estar dispuesto a correr riesgos inteligentemente

- Tener apetito por los grandes talentos

- Desarrollar la «vista de helicóptero»

- Exhibir el «factor deslumbrante»

En este capítulo ilustraré las cualidades que acabo de enumerar concentrándome en Abraham Lincoln, quizás el más grande líder que haya llegado a ser presidente de Estados Unidos, así como en una variedad de líderes de nuestros tiempos.

## ABRAHAM LINCOLN
## Y LA PIRÁMIDE DEL LIDERAZGO

Cuando me mudé a Illinois en enero de 2005 para asumir la presidencia de la Universidad de Illinois, resolví aprender todo lo que pudiera acerca de Abraham Lincoln. Illinois es, después de todo, el estado de donde él surgió.

Durante la gran inauguración en 2005 de la fabulosa Biblioteca y Museo Presidencial Abraham Lincoln en Springfield, Illinois, mi esposa y yo asistimos a una «cena de gala» concebida según los moldes de los años 1860, de modo que nos transportamos ciento cincuenta años atrás. Mi nueva ciudad, Urbana, formaba parte del circuito que Lincoln recorría a caballo durante sus años de ejercicio de la abogacía en el centro del Illinois. Y me enorgullece tener como colega a Phillip Paludan, un distinguido profesor de la filial de la Universidad de Illinois en Springfield, y uno de los grandes eruditos del país en todo lo referente a Lincoln (*The Presidency of Abraham Lincoln,* University of Kansas Press, 1994).

Abraham Lincoln se presta como la introducción ideal a lo que significa ser un gran líder. Y claro que él lo fue, quizás el mejor en toda la historia presidencial de Estados Unidos, y sin duda la persona idónea para aquellos tiempos. Pero creo que a usted le resultará interesante aprender más acerca de Lincoln a través del lente de la pirámide del liderazgo. La mayor parte de los factores que hicieron de Lincoln un gran líder se aplican asimismo a aquellos de nosotros que desempeñamos todo tipo de papeles de liderazgo y que nos esforzamos por lograr la excelencia.

Lincoln tenía los requisitos fundamentales de un líder: un deseo ardiente (aunque disimulado por su modestia) de estar en puestos de autoridad, unido a su extraordinaria capacidad, fuerza y carácter. Era un hombre con defectos, afligido por la depresión, por su naturaleza temperamental, y ocasionalmente por serios errores de juicio (por ejemplo, sus nombramientos de generales que le fallarían de manera comprometedora en la conducción de la Guerra Civil). Pero sus valores esenciales, su inteligencia superior, su habilidad para comunicarse, su fortaleza física y mental y su capacidad de recuperación personal le calificaban plenamente para convertirse en líder.

Lincoln era hombre de profundos sentimientos (su gran empatía puede haber sido una consecuencia de la maldición depresiva que no le abandonaba). Esta cualidad le capacitaba para exhibir como líder una excelencia mamífera. Le afectaron profundamente las muertes de su madre, de una joven a quien amó (Ann Rutledge), y de sus jóvenes hijos. Tal vez, a consecuencia de ello, era un hombre excepcionalmente sensible. A menudo prestaba atención al consejo de otras personas (por ejemplo, se dejó crecer la barba cuando se lo sugirió en una carta Grace Bedell, una jovencita de once años de Westfield, estado de Nueva York).

De niño, sentía aversión a la crueldad y al derramamiento de sangre, y era conocido por amonestar a otros de su edad por lastimar insensiblemente a los animales («...la vida de una hormiga le es tan cara a ella como la nuestra para nosotros»).

Lincoln apreciaba el pensamiento racional y un enfoque analítico de los problemas, un requisito esencial de la excelencia reptil en un líder. Esto se refleja en muchos de sus discursos. Los estadounidenses le conocemos mejor por su discurso de Gettysburg («Hace ochenta y siete años...»), compuesto por menos de trescientas palabras, o alrededor de una cuartilla mecanografiada a dos espacios según los estándares actuales.

Sin embargo, la mayoría de las grandes piezas oratorias de Lincoln, como las de los debates Lincoln-Douglas de 1858 y su discurso en Cooper Union en 1860, fueron largos y razonados análisis sobre la situación de la nación y sobre qué hacer a medida que las tensiones crecían entre las fuerzas esclavistas y antiesclavistas. Ciertamente, Lincoln temía la emoción descontrolada. En una de sus alocuciones señaló que «la pasión... será en el futuro nuestra enemiga», y que la nación debía apoyarse en un razonamiento «frío, calculador, desapasionado» para trazar el rumbo en tiempos turbulentos.

Era también capaz de actuar con severidad cuando le parecía necesario, otro requisito de la excelencia reptil. La mejor muestra de ello fue su resuelta conducción de una guerra sangrienta, a pesar de su aversión personal a la crueldad y al derramamiento de sangre. Pero su severidad se demostró también bajo otras formas. Por ejemplo, en 1863-1864, durante los días más negros de la guerra para la Unión, amenazó con encarcelar y desterrar a los jueces que utilizaran el recurso de *habeas corpus* (que exige a quienes tienen detenida a una persona mostrar a un juez las pruebas y la justificación de su detención) para interferir con el reclutamiento, y luego en un acto que generó una encendida controversia que sobrevive aun en nuestros días, suspendió sencillamente el *habeas corpus* en todo el país.

Pero estas cualidades no bastaban para hacer de Abraham Lincoln un gran líder. Los requisitos fundamentales y la excelencia reptil y mamífera nunca alcanzan a hacer grande a un líder por sí mismas. La clave para ello es la capacidad para realizar cambios trascendentales en las áreas de resultados bajo la responsabilidad del líder. Y Lincoln también la tenía.

## LINCOLN Y LAS CINCO CUALIDADES DE LOS GRANDES LÍDERES

Lo que hizo de Lincoln un gran líder es que *obtuvo grandes resultados* (controló la rebelión confederada, con lo cual salvó a la Unión) y *avizoró y produjo cambios realmente trascendentales* (puso fin a la esclavitud, otorgando su libertad a millones de estadounidenses). ¿Cómo lo hizo? Del mismo modo que otros grandes líderes producen resultados y realizan cambios:

- Son innovadores y no sucumben a la sabiduría convencional.

- Asumen riesgos calculados, pero significativos, que los recompensan.

- Se rodean de personas extraordinariamente talentosas y hacen brotar de ellas lo mejor.

- Tienen un sentido inusual de perspectiva cuando miran al frente, atrás o a los lados.

- Tienen cualidades personales —presencia, carisma, magnetismo— que los hacen «deslumbrantes».

Me arriesgaré a simplificar demasiado para ilustrar estas cinco cualidades de los grandes líderes en la figura de Abraham Lincoln.

## Innovación:
### Los grandes líderes son pensadores originales

Lincoln se dio cuenta rápidamente de que las «diferencias políticas» relativas a la esclavitud eran una amenaza mortal para el concepto mismo de Estados Unidos. Es famosa su manera de argumentar este criterio con una referencia al evangelio que hablaba al oído de la gente religiosa y versada en la Biblia de Illinois, en su discurso de aceptación, en 1858, de la candidatura republicana para senador por ese estado (una campaña que perdió): «Una casa dividida contra sí misma no permanecerá». Mas la verdadera innovación de Lincoln como líder fue eliminar la esclavitud. Sin embargo, los procesos de innovación suelen ser complicados. Por ejemplo, a pesar de su pensamiento preclaro, debemos admitir que Lincoln no pretendía convertirse en el Gran Emancipador. Su itinerario hasta la Declaración de Emancipación fue difícil, a veces tortuoso, a la vez que flexible y creativo. Mientras que los sureños le consideraban el diablo encarnado debido a su oposición a la expansión de la esclavitud, otros le desdeñaron por procurar una y otra vez una avenencia creativa, en lugar de declararse un abolicionista inflexible.

En una vena totalmente diferente, Lincoln, como todos los grandes líderes, mostraba una tremenda curiosidad por todas las cosas nuevas que pudieran ayudarle a lograr un objetivo, en su caso, fundamentalmente, ganar la guerra. Por ejemplo, pasó horas hablando con un hombre que aseguraba que podía salvar miles de vidas y millones de dólares ofreciendo mejores predicciones meteorológicas (fue un fracaso). De manera similar se tomaba interés personal en las nuevas armas que proponían los inventores, las que en algunos casos probó en el jardín trasero de la Casa Blanca.

### Riesgos: Los grandes líderes se informan bien para correr riesgos y acumulan un historial (nunca perfecto) de éxitos

Aunque Lincoln era vilipendiado por sus detractores debido a su extrema prudencia, evidenciaba una disposición mayor a correr riesgos que muchos de los que ocupaban cargos directivos en su administración.

En ningún caso fue esto más evidente que en sus diferencias estratégicas y tácticas con sus generales en los primeros años de la Guerra Civil. Los generales McDowell, Halleck, y McClellan le decepcionaron, en muchos casos, por su falta de agresividad y su poca disposición para presionar una ventaja, una vez creada. Lincoln afrontaba un problema que le resultará familiar a cualquier líder: cómo conseguir que sus subordinados se guiaran por las mismas pautas, en lo referente a correr riesgos, sin socavar su autoridad, autonomía y sentido de responsabilidad.

Una y otra vez toleró el excesivo instinto de conservación de sus generales, a quienes daba indicios, incluso órdenes... con muy pocos resultados. Por ejemplo el General George McClellan parecía contar con las cualidades necesarias —era un brillante organizador y un gran planificador estratégico— pero su timidez, vacilación y aversión a los riesgos frustraban a Lincoln. Como han descubierto muchos líderes, sólo después de cambiar a nuestros jefes subalternos por otros más fuertes se pueden alcanzar los resultados deseados. En el caso de Lincoln, la decisión de reemplazar a McClellan por Ulysses S. Grant y William Sherman ayudó a la Unión a prevalecer en la guerra.

El patrón trazado por las decisiones de Lincoln —ir a la guerra para salvar la Unión, anunciar la Declaración de Emancipación, favorecer el perdón y la reconstrucción en lugar del castigo y el aislamiento de los estados confederados— revela un impresionante nivel de asunción de riesgos bien pensados, guiados por objetivos claros y por un elevado propósito moral.

### Identificar el talento: Los grandes líderes tienen un insaciable apetito de talento extraordinario

Estos líderes excepcionales tienen un instinto innato que les indica que la única manera de superar sus propias limitaciones de tiempo y capacidad es rodearse de personas bien preparadas. A diferencia de los líderes menores, no se sienten amenazados por la gente talentosa. En lugar de ello, la buscan, entienden sus metas y sueños y la reclutan en la búsqueda de aspiraciones compartidas.

En este sentido Lincoln era un líder extraordinario. Así lo proclama el título del libro de la historiadora Doris Kearns Goodwin, *Team of Rivals* [Equipo de rivales] (Simon & Schuster, 2005). Lincoln configuró su gabinete con algunos de los líderes más capaces de su época, incluidos dos que se sentían amargamente decepcionados porque hubiera sido él, y no ellos, quien ganó la candidatura presidencial republicana y, a la larga, la presidencia. William Seward, secretario de Estado en el gabinete de Lincoln, y Salmon Chase, su secretario del Tesoro, se creían ambos mucho mejor capacitados que Lincoln para dirigir el país. Pero él, después de su victoria electoral, les tendió la mano y les persuadió para que sirvieran al país formando parte de su administración.

## Vista de helicóptero: Los grandes líderes tienen un extraordinario sentido de perspectiva

Como ciudadano privado, candidato político y funcionario electo, Abraham Lincoln siempre tuvo los pies sobre la tierra, pero también supo alzarse por encima de los conflictos y controversias inmediatos para mirar al futuro, al pasado y a su alrededor, y ofrecer a quienes le rodeaban una importante perspectiva y contexto.

Es lo que hoy llamamos vista de helicóptero.

No fue casualidad que Lincoln comenzara su Discurso de Gettysburg con una mirada retrospectiva de ochenta y siete años a la fundación de Estados Unidos («nuestros padres crearon en este continente una nueva nación») y que terminara minutos más tarde mirando al futuro con esperanza, a un tiempo en el cual «esta nación, bajo la guía de Dios, vea renacer la libertad, y que el gobierno del pueblo, por el pueblo y para el pueblo no desaparezca de la faz de la Tierra». Fue esta vista de helicóptero la que propició una ocasión solemne, cuando el presidente Lincoln recordó a todos los presentes, en términos históricos amplios, *el contexto y el propósito* del sacrificio de los que habían caído en el campo de batalla.

## El factor deslumbrante: Los grandes líderes impresionan con su presencia

Algunas personas iluminan una habitación con su personalidad y su apariencia. O son el alma de una fiesta. O poseen una atracción tal que aunque hablen muy poco, lo que digan causa un fuerte impacto. O tienen magnetismo y carisma. Aunque es imposible determinar qué parte de su presencia emana de su poder y autoridad, y cuánto del individuo, en los grandes líderes hay una cualidad a la que yo llamo «factor deslumbrante».

Muchos tienen una impresión de la persona de Lincoln como alguien serio y melancólico. Pero probablemente le sorprenderá saber que mucho antes de que fuera «alguien», como figura pública, Lincoln solía ser el alma de una fiesta. Con un gran don para contar historias, también disfrutaba del buen humor, como cuando escribía en Springfield hilarantes columnas en los diarios bajo el seudónimo de «Rebecca» atacando las políticas de los demócratas y burlándose de algunos funcionarios.

Percibido por muchos como un hombre tosco, su inteligencia, ingenio, dominio del lenguaje, moralidad y humanidad producían en cambio un deslumbramiento que le ayudó a conquistar posiciones de liderazgo y a ganarse el respeto y el afecto de millones de personas.

## LOS GRANDES LÍDERES DE HOY

¿Qué relevancia tiene Abraham Lincoln como el gran líder que fue para los líderes de la era moderna... y para usted? Pues esta: también hoy, como a todo lo largo de la historia de la humanidad, los mejores líderes son aquellos que producen grandes resultados y ocasionan cambios trascendentales. Tal vez hagan estas cosas en menor escala, sacando del hoyo a una escuela o una fábrica —o quizás solamente; un grupo de trabajo— que atraviesa dificultades, o se tambalea, o está rindiendo por debajo de su potencial. O puede que las hagan en gran escala: Nelson Mandela y el Arzobispo Desmond Tutu encabezaron una campaña de treinta años, privados de libertad y sin poder, para poner fin al apartheid y hacer que en Sudáfrica imperara un gobierno de las mayorías.

Muchas veces (como dice un reciente éxito de librería) el trabajo de un líder consiste en convertir a una organización «buena en excelente».

Los grandes líderes se encuentran en todos los campos. Jack Welch fue un extraordinario ejecutivo principal, creador de valores, con General Electric. Steve Jobs creó una industria con su invención de la computadora Macintosh, y transformó otra con la invención del iPod. El doctor Martin Luther King consiguió poner fin a la discriminación oficial a la vez que dotaba de mayor dignidad y respeto las vidas de millones de estadounidenses. Herb Kelleher transformó la industria de las aerolíneas en Estados Unidos en un período de treinta años, levantando sin mucha tremolina una línea aérea —Southwest— sobre un modelo de negocios diferente, logrando una consistencia en las ganancias y obligando al resto de la industria a moverse en la misma dirección.

Como ejecutores de cambios, los grandes líderes son ante todo *innovadores*. Son pensadores originales y suelen nadar contra la corriente. Generalmente se guían por un puñado de ideas poderosas. Henry Ford fue el padre de la idea de la cadena de montaje y los cinco dólares diarios. Ronald Reagan: la libertad es buena, el comunismo es perverso. Abraham Lincoln: la Unión es buena, la esclavitud es mala. Tom Monaghan, fundador de Domino's Pizza: un menú simple, un buen producto, y se lo llevamos a su casa.

La gran idea de Sam Zell, a quien se atribuye la fundación de la industria moderna de los fideicomisos de inversión en bienes raíces (REIT) fueron los «bienes raíces líquidos». Warren Buffett desafió la sabiduría convencional en materia de inversiones, que recomienda diversificar la cartera a fin de evitar poner todos los huevos en una canasta. «¿Qué tiene de malo» —se preguntó— «poner todos sus huevos en una sola canasta y vigilarlos estrechamente?», tal como lo hace él en Berkshire Hathaway.

Doris Christopher, una graduada de la Universidad de Illinois en economía doméstica, fundó en 1980 junto con su esposo Jay, y con sólo unos cuantos miles de dólares, The Pampered Chef. A ella se le ocurrió que algunos buenos productos para la cocina ayudarían a las amas de casa a crear sabrosos platos que ayudarían a reunir a las familias en torno a la mesa y a fortalecer sus vínculos. La compañía fue adquirida veinticinco años después por Berkshire Hathaway, el más importante reconocimiento para un empresario estadounidense.

Quienes realizan cambios, hoy y siempre, deben saber correr riesgos. Nada cambia a menos que un líder haga apuestas, que pueden fracasar, y a veces fracasan. Al presidente de una compañía le preguntaron por qué había contratado como su sucesor al ex director de un proyecto que fracasó, y que le costó a la casa matriz cincuenta millones de dólares. «Porque uno tiene que fracasar de vez en cuando» —respondió— «para aprender a correr riesgos inteligentemente. Él ya pagó su matrícula en esa escuela».

La mayoría de los líderes triunfadores reconocen que la suerte —la pura casualidad— ha desempeñado un papel en su éxito. Sin duda, los crecientes problemas económicos de la antigua Unión Soviética desempeñaron un papel tan importante en el derrumbe del comunismo como el desafío lanzado por Ronald Reagan ante el Muro de Berlín: «Señor Gorbachov, ¡eche abajo este muro!».

La desregulación de la industria de las aerolíneas en 1978 contribuyó al éxito de Southwest Airlines y de Herb Kelleher, que fundó esa empresa en 1971. La suerte juega un papel en el éxito de los grandes líderes porque ellos deben asumir riesgos —tirar los dados—, y aunque el riesgo puede limitarse por diversas vías, no es posible sacarlo completamente de la ecuación.

Los mejores líderes comprenden que, como tienen grandes aspiraciones, no pueden hacerlo todo solos. Por eso desarrollan un insaciable *apetito por personas talentosas*. Saben que necesitan a personas diferentes y mejores que ellos mismos para realizar dichas aspiraciones. (Uno de los pequeños secretos de la educación superior es que muchas veces los estudiantes convencionales que obtenían calificaciones A acaban trabajando para otros que obtenían calificaciones C, pero que son creativos y emprendedores.)

Los grandes líderes no son necesariamente personas de trato fácil, pues son responsables de producir resultados y, por tanto, esperan la excelencia. Y los mejores no sólo la esperan, sino que estimulan y capacitan a los demás para que la logren. Su apetito por las personas talentosas también se refleja en su notable curiosidad por el mundo y las ideas que lo mueven. Hacen un montón de preguntas, y si usted tiene buenas ideas, ¡probablemente le ordeñarán hasta dejarle seco!

Los grandes líderes entienden el poder de las ideas. Puede que no sean académicamente sobresalientes, pero sí tienen curiosidad por la manera en que funciona el mundo, y cómo se relaciona eso con sus metas o sueños.

Hace unos años me enteré de que muchos cazatalentos profesionales, cuando evalúan a una persona para un alto cargo de liderazgo, se fijan en dos cosas. La mayoría nunca ha oído hablar de estas dos cualidades, y sin embargo, ¡son parte rutinaria de la búsqueda de candidatos para puestos de gran responsabilidad!

Una de ellas es la «vista de helicóptero». Muchos lo describiríamos como un sentido de perspectiva. ¿Es capaz la persona de colocar un problema, cuestión o desafío inmediato en un contexto mayor de acontecimientos pasados o futuros en otras esferas y, quizá lo más importante, en el contexto mayor de la misión y el propósito con que se relacionan? Y por otra parte, ¿puede hacerlo la persona no solamente como ejercicio intelectual, sino anticipando las consecuencias prácticas del contexto?

Digamos que, por ejemplo, usted es el nuevo ejecutivo principal de General Electric, la compañía de mayor crecimiento en el mundo. Es el sucesor de Jack Welch, que fue durante veinte años uno de los más grandes creadores de valores entre todos los ejecutivos principales. Mientras considera la estrategia de la compañía y sus actuales negocios, hace una pausa para mirar al futuro. Y lo que ve venir es un tsunami de gastos en la salud pública debido al envejecimiento de la población y a una revolución biológica. También se da cuenta de que la «sostenibilidad», un concepto considerado marginal hace una década, se está convirtiendo en dominante a medida que crecen las preocupaciones por la degradación del medio ambiente. Finalmente, usted reflexiona sobre la filosofía de su predecesor, que trabajó intensamente en la reestructuración de la compañía y el mejoramiento de los procesos de calidad. Decide que eso ha sido beneficioso, pero que las mejoras posiblemente se hicieron a expensas de la innovación y la creatividad.

Como resultado de este razonamiento —una vista de helicóptero sobre GE y el mundo— decide hacer importantes apuestas estratégicas. Adquirirá algunas compañías con orientación médica, las combinará con su división de sistemas médicos, y creará un nuevo negocio llamado GE Healthcare.

Usted se decide además a convertirse en un importante factor en la industria del medio ambiente y combina esta estrategia con un compromiso de innovación al que llamará «ecoimaginación». Y así sucesivamente.

Estas son exactamente las apuestas estratégicas que ha hecho Jeff Immelt, el sucesor de Jack Welch. Son producto de su vista de helicóptero sobre la compañía y el mundo.

La otra cualidad es el «factor deslumbrante». Todo gran líder tiene un algo especial que crea una *presencia* inusual. Esa presencia fluye no sólo de su cargo, sino también del individuo. Es personal y compulsiva.

El factor deslumbrante se da en diferentes formas. Lucidez. Carisma. Profundidad moral. Dotes oratorias. Apariencia impactante. Intensidad. Energía. Los grandes líderes vienen en una amplia gama de personalidades, desde extrovertidos hasta introvertidos, desde intensos hasta relajados, desde intelectuales hasta interpersonales. No hay una fórmula fija para el «factor deslumbrante». Pero se lo reconoce cuando se ve.

Por ejemplo, he tenido la oportunidad de reunirme varias veces en el último año con Barack Obama, el joven senador federal por Illinois. El Senador Obama cuenta con una abundancia del factor deslumbrante. Es inteligente, sabe hablar, es cálido en sus relaciones con otras personas, enérgico y reflexivo. Exuda profundidad moral y la sabe articular. Ha vencido a la adversidad para convertirse en una persona de alto rendimiento. Si fuera a vaticinar el futuro político del país, apostaría a que el Senador Obama será el primer presidente afroamericano de Estados Unidos. ¿Por qué? Pues porque tiene todo lo que hay que tener, eso que podemos resumir mejor como su «factor deslumbrante».

## LIDERANDO LA INNOVACIÓN

El primer requisito para convertirse en un gran líder es ser innovador usted mismo y promover la innovación en su organización. La razón es que la mayoría de las organizaciones e instituciones fracasan o tienen un bajo rendimiento debido a que no se adaptan (o no son capaces de hacerlo) al cambio de los tiempos, de las tecnologías, la cultura, las normas y las expectativas. Por tanto, ser un líder con pensamiento creador, y con la capacidad para reconocer valiosas ideas creativas de otros, es fundamental para convertirse en un gran líder.

Pero no basta con pensar. Los grandes líderes deben capacitar a sus organizaciones para convertir las nuevas ideas en acción y resultados, a fin de producir cambios trascendentales. Esto es difícil de lograr, pero es vital para el éxito. Permítame explicarme. En muchas formas, el yin y el yang definitivos del liderazgo consisten en determinar cómo se puede ejercer un *control* efectivo (una dimensión de la excelencia reptil), que demanda organización, orden y disciplina; y simultáneamente asegurar la *innovación* en gran escala y en todos los niveles, lo cual exige creatividad y, a menudo, un cierto grado de desorden e irreverencia.

Esto podemos afirmar sin temor a equivocarnos: ninguna organización ha logrado jamás prosperidad a largo plazo aplicando exclusivamente el control. Aunque un buen control es *necesario* para sobrevivir, la innovación es vital para la prosperidad. Las grandes organizaciones buscan sin descanso formas más efectivas de hacer las cosas a todos los niveles. Se trata de entidades altamente adaptables, que se reinventan a sí mismas periódicamente. Estas capacidades, esenciales para una adaptación exitosa, comparten un requisito común: inclinación, apetito y capacidad para innovar.

¿Qué puedo decirle yo en relación con el liderazgo y la innovación? Pues mucho.

Me sentí extasiado cuando, a fines de los años noventa, la Escuela de Negocios de la Universidad de Michigan fue seleccionada por la revista *Business Week,* en su evaluación semestral, como el centro académico de su tipo más innovador del país. Me sentí extasiado porque cuando me nombraron decano, en 1991, recuerdo haber pensado que nunca podríamos ser la escuela de negocios más rica, ni la más antigua, ni la más orgullosa. Pero sí podíamos ser la más innovadora, la más dispuesta a diseñar y adoptar formas nuevas e inteligentes de educar y desarrollar a nuestros estudiantes, de modo que ellos pudieran asombrar a las compañías que se acercaran a nosotros en busca de talentos.

Lo que aprendí acerca de cómo liderar para estimular la innovación se pone en práctica todos los días en las compañías más creativas del mundo, como Apple Computer, Pixar Animation Studios,

3M, Honda y otras. Los líderes que deseen que sus organizaciones sean innovadoras tienen que hacer cuatro cosas: esperarlo; infundir la energía necesaria; iniciar el proceso y darle forma; y estimularlo y protegerlo.

Tal vez le desilusione ver que no hay mucha magia en esta lista. Pero el hecho es que la innovación es como todas las demás cosas buenas que los líderes quieren para sus organizaciones: crecimiento, eficiencia, personal talentoso, desarrollo, etc. Siempre se empieza por las expectativas.

Al principio, el éxito es frágil, y más adelante las personas se desgastan, de modo que el líder necesita infundir energía a sus esfuerzos. Liderar con el ejemplo siempre resulta impresionante, así que le ayudará el aportar usted mismo alguna idea innovadora de vez en cuando. Más importante aún es reconocer las ideas innovadoras de los demás, y luego respaldarlas con todo lo que pueda, bajo la forma de reconocimientos, recursos y elogios. Por último, las ideas innovadoras suelen ser frágiles, así que se necesita fortalecerlas con un apoyo que sólo el líder puede proporcionar. La corriente dominante en la organización tratará muchas veces de reprimir las innovaciones (ya que le estorban) mediante una franca hostilidad o un benigno descuido, así como a quienes las han sugerido (también se les considera un estorbo). De manera que corresponde al líder brindar protección a ambos.

## ¿Cómo puede volverse innovadora una organización?

Las investigaciones sobre organizaciones han arrojado cierto número de descubrimientos clave:[1]

- La actitud favorable de un líder hacia el cambio conduce a crear un clima propicio para la innovación.

- Los ambientes de trabajo participativos facilitan la innovación, al incrementar la conciencia, el compromiso y la participación de los empleados.

- La adopción exitosa de las innovaciones depende en gran medida del liderazgo, el apoyo y la coordinación que aporten los directivos. El respaldo de estos es especialmente crítico durante la etapa de implementación, ya que es entonces cuando resultan más esenciales la coordinación y la solución de conflictos entre individuos y departamentos.

*«Presuponer el sí»*. Como decano de la Escuela de Negocios de la Universidad de Michigan, presté desde temprano suma atención a crear un clima de grandes expectativas con relación a ideas frescas que pudieran conducir a la innovación y el cambio. Diseñé en ese sentido una filosofía sencilla que comunicaba a todos los que ocupaban posiciones de liderazgo en la escuela. La he resumido simplemente como «Presuponer el sí». Comprendí que todos los días los alumnos, los catedráticos, el personal de apoyo, los ex alumnos y los amigos de la escuela tenían experiencias que creían que podíamos mejorar. Y tenían razón. Por ejemplo, los estudiantes odiaban tener que esperar en fila para comprar los materiales del curso. Los profesores deseaban estar seguros de que todas las aulas estarían limpias y listas para usarlas, con los suministros necesarios y el equipo audiovisual estándar. Las compañías que contrataban a nuestros estudiantes deseaban que después de graduarse estuvieran listos para empezar a correr, con excelentes capacidades analíticas, de solución de problemas y de comunicación, así como conocimiento de la economía, el mercadeo, etc. Muchos de nuestros alumnos deseaban tener experiencias internacionales mientras se

encontraban en el programa, a fin de prepararse para el globalizado mundo de los negocios, y así sucesivamente.

Quienes dirigíamos la escuela hacíamos cuanto podíamos por anticipar y resolver estos problemas. Pero me di cuenta de que muchas veces nos encontrábamos a la defensiva. Cuando alguien se quejaba, tendíamos a decir, de una u otra forma, cosas como: «Usted no entiende», o «No nos podemos dar ese lujo», o «Ya hemos ensayado eso». A veces estas respuestas se ajustaban a la verdad, pero no siempre. Y lo peor: el efecto de nuestra actitud poco receptiva era desalentar cualquier otra oferta de ideas por parte de los miembros de nuestra comunidad. Sin pretenderlo, estábamos sepultando un vibrante manantial de ideas innovadoras. La gente continuaba haciendo las cosas a la manera antigua, salvo cuando *ellos mismos* decidían cambiarlas. Mientras tanto, derrochábamos un tesoro de buena voluntad por parte de las personas que deseaban mostrar su amor a su escuela y hacer de ella una organización mejor.

¿Cómo podíamos romper este cuello de botella de las ideas, abrir las compuertas y ascender a un nivel mucho más alto de innovación? Mi respuesta fue una filosofía de liderazgo: Presuponer el sí.

Durante una reunión, un lunes en la mañana, del consejo de calidad de la escuela —compuesto por unos veinticinco líderes del centro— anuncié que, en adelante, cuando algún miembro de la comunidad viniera a uno de nosotros con una idea para mejorar, la respuesta sería «Presuponer el sí»: ¡Sí, lo haremos! (Me había inspirado en mi ayudante ejecutiva, Sheryl Smith, cuya reacción a cualquier idea, problema y posibilidad que se le presentara era siempre un jubiloso: «¡Podemos encargarnos de eso!», seguido por acción y resultados.)

Instruí al consejo de calidad que por cada buena idea que surgiera sólo podía haber dos decisiones: su implementación o una explicación oportuna, considerada y persuasiva de por qué no lo haríamos, incluyendo ofrecer comentarios a quien hubiese iniciado la idea. También dije a los miembros del consejo que si me llegaban quejas acerca de ideas que ellos hubiesen rechazado, respaldaría sus decisiones, pero sólo *si eran capaces de persuadirme* de que tenían razón. De lo contrario, las revertiría y ordenaría la implementación directa de la idea rechazada.

Los resultados de «Presuponer el sí» fueron asombrosos. Durante casi una década, nuevas cosas grandes y pequeñas ocurrieron en la escuela a un ritmo prodigioso. Los miembros de la comunidad sentían que les habíamos otorgado poder. Y los líderes de la escuela a todos los niveles llegaron a comprender que muchas de las ideas que habían sido rechazadas de plano, en realidad contaban con méritos suficientes, y podían ser implementadas con creatividad y esfuerzo. Pasado un tiempo, la innovación sencillamente se convirtió en un estilo de vida del centro, y a consecuencia de ello sucedieron muchas cosas nuevas.

Por ejemplo:

- Algunos de nuestros estudiantes, especialmente los de origen afroamericano, iniciaron proyectos empresariales en varios países de ese continente. Con ese fin creamos el Cuerpo para el Desarrollo de Negocios en África (fue un verano mientras visitaba ese programa cuando conocí al Arzobispo Desmond Tutu).

- Otro grupo de estudiantes que creía en los efectos de la creación de equipos y el empoderamiento personal con relación a aventuras al aire libre creó un programa de orientación M-Trek con mínimo apoyo de la escuela.

- Catedráticos que estaban explorando una nueva área intelectual y que deseaban compartir su conocimiento emergente con los alumnos de su clase, se sentían limitados por el requisito de impartir cursos de catorce semanas y cuarenta y dos horas. En respuesta creamos cursos de siete semanas y veintiún horas, reduciendo así la barrera para incorporar al currículum nuevos conocimientos oportunos y ampliando la cantidad de cursos electivos ofrecidos.

- Los estudiantes que deseaban más oportunidades de trabajo en Wall Street y en el Valle de Silicón sugirieron que facilitáramos su contratación a las compañías yendo nosotros a ellas en lugar de hacerles venir a nuestras sedes en el Medio Oeste del país. Como resultado, encabecé por varios años los viajes de reclutamiento a Wall Street y el Valle del Silicón, acompañado por cientos de estudiantes. Las empresas estaban encantadas.

Algunas de las innovaciones que se propusieron *no* ocurrieron, pero siempre hubo una buena razón para ello. He aquí un ejemplo:

Durante años había existido tirantez entre nuestros bibliotecarios y una pequeña cantidad de estudiantes (supongo que estudiaban de madrugada) que creían que la biblioteca debía permanecer abierta todas las noches. El personal de la biblioteca oponía resistencia, alegando razones como el costo y la seguridad. Los estudiantes replicaban: «Déjenla abierta y ya verán como vienen». Pero los bibliotecarios seguían negándose y las cosas se pusieron un poco feas.

Aplicando la filosofía de «Presuponer el sí» les dije a los bibliotecarios que su argumento no me había convencido. Teníamos que movernos del reino de las opiniones conflictivas y las emociones caldeadas a una toma de decisiones basada en hechos. Les ordené mantener la biblioteca abierta toda la noche durante un mes y llevar un cuidadoso registro del uso de sus instalaciones, hora por hora desde la antigua hora de cierre (la medianoche) hasta la antigua hora de apertura (8 a.m.). Así lo hicieron, y resultó que los bibliotecarios tenían razón. Nunca tuvimos más de media docena de usuarios en la madrugada, y muchas veces no había ninguno. Mostramos a los estudiantes los resultados y el costo de mantener la biblioteca abierta. No diré que la decisión les gustó, pero lo entendieron y aceptaron, y el conflicto terminó.

A veces los líderes tienen que actuar radicalmente para hacer que las cosas ocurran. La filosofía de «Presuponer el sí» era radical, era una apuesta calculada de mi parte, algo temeraria en aquel momento. Pero consiguió hacer que las cosas ocurrieran. Yo insto a adoptarla a todos los líderes que deseen acelerar el ritmo de la innovación en sus organizaciones.

## LAS SITUACIONES IMPORTAN Y LOS RESULTADOS CUENTAN

Los grandes líderes —los mejores entre los mejores— son personas que realizan *cambios trascendentales*. Las últimas dos palabras —cambios y trascendentales— merecen un comentario.

Los más grandes presidentes de Estados Unidos —George Washington, Abraham Lincoln y Franklin Roosevelt— sirvieron al país en tiempos de profunda crisis. Washington afrontó el reto de dar a luz la nación y servir en un cargo —el de presidente de Estados Unidos— que literalmente no tenía precedente alguno. Lincoln afrontó la disolución de la Unión y enormes presiones relacionadas con la esclavitud. Roosevelt se enfrentó a la devastadora Gran Depresión de los años treinta y a la Segunda Guerra Mundial. En las mentes de los estadounidenses, los tres están asociados con guerras: la Revolución, la Guerra Civil y la Segunda Guerra Mundial.

Las situaciones importan, puesto que los grandes retos crean la oportunidad para que los líderes alcancen grandes resultados y hagan cambios trascendentales.

También es cierto que la historia la escriben los vencedores. De modo que para los líderes, los resultados cuentan. Si durante su mandato no hubiera caído el Muro de Berlín, y la Unión Soviética no hubiera hecho implosión, probablemente hoy veríamos a Ronald Reagan como era a mediados de su presidencia: una figura amigable con opiniones conservadoras y que arriesgó la salud de la economía de Estados Unidos a fin de incrementar su poderío militar. Pero, ¿con qué propósito? Sin el muro y su caída eso no habría sido tan obvio. El éxito reivindica a los líderes. Como dijera John F. Kennedy: «La victoria tiene mil padres, pero la derrota es huérfana».

Puede que a usted no le sea fácil identificarse con los resultados por los cuales juzgamos a los presidentes de Estados Unidos. Si es así, aquí le presento una historia con la que sí podrá identificarse. Trata sobre Craig Tiley, entrenador del equipo masculino de tenis de la Universidad de Illinois de 1993 a 2004, y sobre los resultados que alcanzó.

Como ya le he dicho, los grandes líderes pueden encontrarse en cualquier clase de organización. Craig Tiley era un gran líder deportivo en la Universidad de Illinois. Se nos sumó en 1993 como entrenador provisional de tenis masculino universitario. Cuando se le sugirió que echara su nombre en un bombo de candidatos al empleo permanente, hizo otra cosa. Escribió en una sola página un plan para convertir en diez años al equipo masculino de tenis de Illinois en campeón nacional. Su plan esbozaba una visión, valores, una estrategia e hitos —a tres años, seis años y diez años— así como lo que se necesitaba para cumplirlas en cada período. Tiley obtuvo el empleo y se dedicó a trabajar arduamente para poner en acción su plan.

Su esfuerzo se vio recompensado. Tiley condujo el programa de tenis desde ser un virtual desconocido en el curso 1992-1993, cuando el equipo archivó cuatro triunfos y veintitrés derrotas, hasta la cúspide del tenis universitario diez años después, cuando la Universidad de Illinois ganó invicta el título de tenis masculino de la National Collegiate Athletic Association (NCAA), en la temporada 2002-2003. A lo largo de ese itinerario el equipo ganó ocho campeonatos consecutivos Big Ten de la temporada regular. Diez jugadores preparados por Tiley alcanzaron el estatus All-American. En once años como entrenador principal de Illinois, Tiley acumuló 249 victorias frente a 73 derrotas.

La responsabilidad de lograr resultados es una de las duras realidades que deben aceptar los grandes líderes.

Mi jefe en Cummins Engine Company, Jim Henderson, me enseñó una valiosa lección al respecto. Jim era un recio competidor determinado a mantener a Cummins al frente de la industria de los motores diesel, en franco desafío tanto a la fuerte competencia nacional (Caterpillar y Detroit Diesel) como a la nueva competencia extranjera. A principios de los años ochenta, cuando yo era en Cummins miembro del equipo del presidente, Jim hizo un trabajo magistral dirigiendo una reunión particularmente importante y difícil de la gerencia. Habíamos diseñado un proyecto para mantener nuestros planes de desarrollo de productos y mejorar nuestro rendimiento operativo, al mismo tiempo que afrontábamos un declive del negocio, que para nosotros era el más serio desde la Gran Depresión.

«¡Fue una buena reunión!», le dije a Jim mientras salíamos juntos del salón. «Bueno, ya veremos», respondió él. Me tomó por sorpresa que no le diera mucha importancia después de lo que, para mí, había sido un rotundo triunfo, así que le pedí que se explicara. «El liderazgo trata de resultados», continuó, «de lo que realmente sucede, de lo que logramos; si ejecutamos nuestro plan y si nuestro plan logra nuestros propósitos. Eso es lo que realmente cuenta. No lo olvides».

Nunca lo he olvidado.

Todos los días comprobamos que es mucho más fácil asumir los *privilegios* del liderazgo que asumir sus *responsabilidades*. De manera similar, es difícil para un líder resistir la tentación de escudarse en excusas, culpar a otros y hasta fingir lo que no es, para evitar asumir plena responsabilidad por resultados deficientes. Cuando los más altos líderes en las organizaciones y en la sociedad hacen esto, el efecto es corrosivo, pues muestra a las personas en todos los niveles que la respuesta adecuada a un rendimiento problemático es dar evasivas en lugar de aceptar la responsabilidad.

De modo que aguante usted a pie firme: asuma la responsabilidad por sus resultados.

Ya estamos a las puertas del capítulo final, en el que le invitaré a retarse a usted mismo a convertirse en un gran líder.

# Rétese a usted mismo a convertirse en un gran líder

Hemos recorrido juntos muchos capítulos e ideas. Y he compartido con usted la mayor parte de lo que he aprendido en mi vida acerca del liderazgo. Ahora tengo que devolver la pelota a su cancha. Existe sólo una persona que puede decidir que usted se convierta en un líder o un mejor líder. Y es usted mismo.

Aunque pueda parecerle atrevido, le estoy urgiendo a retarse a usted mismo a convertirse en un gran líder. La razón es que rara vez logramos más que nuestras más altas aspiraciones, y a veces nos quedamos cortos. Para asegurar que usted se convierta en un líder o un mejor líder, debe fijarse como meta convertirse en un gran líder. Con trabajo duro y un poco de suerte es posible que lo logre.

Quiero llamar su atención sobre una paradoja. Usted no se convertirá en un gran líder sólo por decidir que esa es su meta, más de lo que podría convertirse en un gran músico, pintor o jugador de golf resolviendo que *ese* es su objetivo. Entonces, ¿cómo lo conseguirá? Pues bien, continuando con la analogía del golf, uno se da la oportunidad de convertirse en un gran jugador (y garantiza así que será uno mejor) *desarrollando su juego*: practicando el golpe largo, el de media distancia, el juego corto, los toques para meter la pelota, cómo manejarla en la arena, etc., y también aprendiendo a jugar bien en diferentes condiciones: en días soleados, lluviosos, en canchas onduladas, llanas, con agua, de césped rápido o césped lento, etc.

Lo mismo sucede con el liderazgo. Una vez que usted se ha propuesto convertirse en un gran líder, puede olvidarse de la meta para concentrarse en su propio desarrollo como líder. Asegúrese de contar con los requisitos fundamentales; de trabajar para alcanzar la excelencia reptil y mamífera; y de dominar las cinco cualidades adicionales de los grandes líderes, esas personas especiales capaces de realizar cambios y lograr resultados.

Utilice como guía este libro.

Teniendo esto presente, le ofrezco tres puntos de partida:

- *Recuerde que desarrollarse a usted mismo es un viaje que uno puede emprender, pero que nunca llega a su fin.* Más adelante le daré algunas ideas de cómo hacerlo exitosamente.

- *Esfuércese por coronar siempre con un buen final su trabajo como líder.* Cuando tenga que partir, deje detrás de usted las puertas abiertas y maneje responsablemente la sucesión.

- *Desarrolle su capacidad de recuperación.* La manera en que usted maneje las dudas, el desaliento, la desilusión y el ocasional fracaso es vital para su éxito.

## DESARRÓLLESE

Como usted bien sabe, para correr la carrera del liderazgo es preciso primero emplazarse en la pista del liderazgo. Debe optar en algún momento por un rol de líder en lugar del trabajo regular de contribuyente individual; luego, haga su mejor esfuerzo y aprenda de la experiencia.

He aquí mi historia.

A los treinta y un años había logrado ser profesor permanente en la Universidad de Michigan, donde estudiaba y a la vez enseñaba liderazgo y administración. Alcanzar una cátedra permanente era la meta de todos los jóvenes profesores. De modo que, dos años después, cuando me invitaron a formar parte de la gerencia de Cummins Engine Company, abandoné con mucha reticencia mi nombramiento universitario. Pero resultó ser la mejor decisión profesional que he tomado en mi vida. Mi traslado al mundo empresarial me abrió la puerta a veinticinco años de práctica del liderazgo, y me permitió ponerme en contacto con muchos de los mejores líderes mundiales en los sectores lucrativo y sin fines de lucro. Esto fue lo que aprendí.

En lo que respecta al desarrollo, es muy importante que los logros alcanzados temprano en su carrera y el deseo de seguridad no se conviertan en una jaula de oro que acabe atrofiando su crecimiento. Aun si escogiera permanecer durante largo tiempo en un empleo o en una organización, debe ser capaz de responder a la pregunta: ¿Cómo continuaré extendiéndome, creciendo, retándome a mí mismo y acercándome a las personas de quienes puedo aprender?

## ¿Le permite su empleo desarrollarse?

Refine sus habilidades para el liderazgo por medio de cinco desafíos clave identificados por los investigadores.[1]

1. Las *transiciones laborales*, que comprenden cambios de envergadura, función, empleador, contenido o lugar, demandan nuevas formas de enfocar las oportunidades y los problemas, y de responder a ellos (por ejemplo, pasar de empleado temporal a fijo).

2. La *creación de cambios* requiere acción y decisiones estratégicas en situaciones de incertidumbre (por ejemplo, comenzar una empresa desde cero o recuperar una que se encuentra en dificultades).

3. Los empleos con *mayores niveles de responsabilidad* tienen mayor amplitud, visibilidad y complejidad. Los riesgos son también más elevados y pueden exigir un mayor intercambio con actores clave externos.

4. *Influir sobre las personas* que no se encuentran bajo su autoridad directa, como pueden ser sus homólogos, clientes o miembros de grupos de trabajo multifuncionales, es algo que enseña a un líder a establecer relaciones, manejar los conflictos y ser directo.

5. Manejar *obstáculos* o situaciones difíciles, tales como un jefe problemático o un grupo de gerentes que escatima su apoyo, puede ayudar a desarrollar estrategias exitosas, así como a incrementar la perseverancia y la seguridad en usted mismo.

Ahora que ya se encuentra en la pista del liderazgo, el próximo paso es utilizar la pirámide del liderazgo para evaluar sus puntos fuertes y débiles y desarrollarse como líder.

La pirámide del liderazgo nos ofrece un marco ideal para comprender cómo se desarrollan los líderes. Tres conceptos centrales deben guiar su forma de concebir este desarrollo:

- *Inclinación natural.* Según mi experiencia, toda persona emprende el itinerario del desarrollo como líder con una inclinación predominantemente reptil o mamífera. Esta inclinación tiene su raíz en la personalidad, los talentos, la formación familiar, la educación y las primeras experiencias laborales. Por ejemplo, Abraham Lincoln, de quien hablamos en el capítulo 6, probablemente comenzó en el lado reptil de la pirámide, partiendo de su experiencia como abogado y su creencia en un enfoque racional y analítico hacia los problemas.

- *Desarrollo vertical.* Al margen de que su inclinación natural sea reptil o mamífera, el desarrollo vertical significa cimentar los puntos fuertes, habilidades e inclinaciones naturales para alcanzar un nivel superior de competencia. Por ejemplo, un buen contable se convierte en Contable Público Certificado, luego en un firme contralor y por último en un respetado ejecutivo principal financiero. Esta progresión laboral ejemplifica una trayectoria de desarrollo vertical reptil, ya que cada experiencia registra un crecimiento directo y natural a partir de la precedente.

- *Desarrollo en espiral.* El «desarrollo en espiral» consiste en asumir experiencias, asignaciones y desafíos que le ayudan a fortalecer su lado débil, o menos natural, a niveles cada vez mayores de responsabilidad. Es a esto a lo que los atletas llaman «aprender a jugar con tu lado débil».

Los líderes mamíferos tienen experiencias reptiles a fin de desarrollar una mentalidad y un conjunto de habilidades de ascendencia reptil, y viceversa.

Por ejemplo, mi inclinación natural era mamífera. Comencé siendo un profesor que enseñaba comportamiento en las organizaciones (léase mamífero) y luego me convertí en un ejecutivo corporativo de recursos humanos (mamífero de nuevo, con una primera dosis de reptil); de ahí pasé a ser decano de una escuela de negocios (donde debí combinar características reptiles y mamíferas y desarrollar algunas capacidades de los grandes líderes). Después de eso, fui gerente interino de una firma administradora de activos (una industria marcadamente reptil). Por el camino realicé un importante estudio sobre control interno y dirigí el comité de auditoría del mayor fideicomiso de inversiones en bienes raíces departamentales de la nación (desarrollo reptil).

Ahora, como presidente de una gran universidad, me encuentro a diario bebiendo copiosamente en todas las dimensiones del liderazgo y haciendo mi mejor esfuerzo por lograr resultados excelentes y realizar cambios positivos y trascendentales. Desde luego que sólo el tiempo dirá si lo logré.

La figura 7-1 es una representación gráfica de estos conceptos de inclinación natural y desarrollo vertical y en espiral, que parte de la pirámide del liderazgo.

He aquí una buena historia acerca de la versión en espiral del desarrollo del liderazgo. Tiene que ver con David Neithercut, a quien usted conoció brevemente en el capítulo 3. Allí se lo presenté como un formidable líder joven reptil, el ejecutivo financiero principal, extraordinariamente talentoso, de Equity Residencial (NYSE: EQR), el mayor fideicomiso de inversiones en bienes raíces departamentales de la nación. Recientemente, Dave fue nombrado ejecutivo financiero principal de la compañía, un testimonio de su crecimiento a lo largo de los años. Esta es la historia de un breve pasaje de dicho crecimiento.

Figura 7-1. La pirámide del liderazgo como marco para el desarrollo del liderazgo.

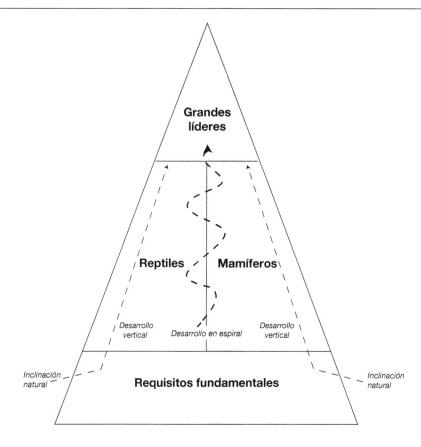

A mediados de los años noventa, varios de nosotros, los miembros de la junta de fideicomisarios de EQR, escuchamos rumores de preocupación entre los colegas de Dave en Equity Residential, a pesar de —o quizás por causa de— su genialidad. Estas preocupaciones eran de las que yo llamo «las sospechas de siempre» entre las dificultades de la conducción de una gran empresa: poca receptividad, mala comunicación (en este caso, suponiendo que todos capten las cosas tan rápidamente como uno) y un poco de arrogancia.

Otro fideicomisario y yo teníamos una gran impresión del talento natural y las habilidades reptiles de Dave, así que buscamos cómo intervenir sin mucho ruido. Me gustaría creer que ayudamos a hacer una pequeña contribución a su desarrollo como líder. Le instamos a que se fuera por una semana al Centro para un Liderazgo Creativo (CCL) para que allí recibiera orientación sobre cómo mejorar sus capacidades de líder apoyándose en una «retroalimentación de trescientos sesenta grados», que debía cultivar entre las personas con quienes trabajaba.

Días después de que Dave regresara de CCL, recibí un paquete en mi buzón. Al abrirlo, encontré un trozo de madera de 2 x 4 pulgadas con una placa de bronce que decía: «Gracias, ¡Lo necesitaba! Dave Neithercut».

---

### Receta para el éxito

Exámenes realizados a individuos motivados y de alto rendimiento sugieren que estos se dedican de manera espontánea y congruente a fijar metas, visualizar un desempeño exitoso, asumir responsabilidad por el cumplimiento de sus metas, anticipar los obstáculos, y las formas de superarlos. Además, son marcadamente persistentes, asumen riesgos calculados y utilizan la retroalimentación (la propia y la de otros) para evaluar su rendimiento.[2]

---

Dave tenía razón. Hay momentos en los que a la mayoría nos vendría bien que alguien preocupado por nuestro desarrollo nos pegara en la nariz con un garrote de 2 x 4. Hoy día, tras haber apostado por tantos años a sus habilidades de líder, los fideicomisarios de Equity Residential han hecho una apuesta por el potencial de gran líder de David y le han nombrado su ejecutivo principal, una bonita historia relacionada con el desarrollo del liderazgo.

He aquí otra sugerencia para ayudarle en su desarrollo como líder. Consiste en comprender no solamente *su cargo* (por ejemplo, como gerente de compras, o vicepresidente de fabricación, o decano) sino también sus *roles*. Los cargos describen sus *responsabilidades*; los roles describen sus *deberes* y lo que usted hace en realidad, así que son una añadidura a las habilidades que necesita para hacer bien su trabajo.

Permítame ofrecerle un ejemplo personal. Cuando fui nombrado decano de la Escuela de Negocios de la Universidad de Michigan, decidí que tendría que desempeñar cinco roles:

- Académico principal

- Director del personal docente

- Director del presupuesto

- Principal recaudador de fondos

- Vendedor y portavoz principal de la escuela

Entonces analicé mi preparación, disposición y nivel de capacidad para cada uno de estos roles utilizando una escala del 1 (deficiente) al 5 (excelente). Me asigné una calificación de «5» como director del personal docente, y tres «4» en otros roles clave, pero sólo una calificación mínima de «1» como principal recaudador de fondos. Apenas tenía experiencia trabajando con los donantes para pedirles dinero. Francamente, ¡eso me alarmó!

Así que, al día siguiente de que se anunciara mi nombramiento llamé por teléfono a un hombre maravilloso, el ya desaparecido David Hermelin, que era graduado de nuestra escuela y un excelente recaudador de fondos, y le pedí que fuera mi maestro. Él accedió, y durante un año nos estuvimos reuniendo un par de horas al mes. El resto es historia. Bajo la guía de David me convertí en un entusiasta y consumado recolector de donaciones.

Identifique los roles que corresponden a su cargo y evalúese en cada uno de ellos, de modo que pueda desarrollar agresivamente aquellos donde se siente más débil.

## ESFUÉRCESE POR TERMINAR BIEN

Tarde o temprano la carrera de todos los líderes llega a su fin. A veces es algo cuidadosamente planeado e implementado. Otras veces es algo repentino e inesperado. La terminación y la sucesión van de la mano. En términos ideales, la continuidad de los altos cargos de liderazgo en organizaciones triunfadoras es como una exitosa carrera de relevos que tiene lugar durante décadas. El bastón o testigo es transferido a la perfección, de un líder que ha corrido exitosamente su etapa de la carrera, al próximo corredor, que deberá repetir la experiencia. Me viene a la mente General Electric. Sin embargo, en muy pocas organizaciones sucede de esta manera.

Recuerdo el pasaje del Antiguo Testamento que nos narra la historia de Judit contra Holofernes, el general en jefe de los asirios. Cuando Judit le cortó la cabeza a Holofernes y el ejército asirio se dio cuenta, los invasores se comportaron como si hubieran perdido sus propias cabezas, y fueron fácilmente vencidos por los israelitas.

Si los asirios hubieran rendido menos culto a la personalidad del líder y tenido una mejor comprensión de la cadena de mando, tal vez el resultado habría sido diferente. Situaciones similares pueden observarse en las instituciones de nuestros días, cuando dejan de contar con un líder carismático. Los que permanecen en la organización suelen mostrarse desconcertados y hasta es posible que no obedezcan a la persona nombrada para reemplazarle, con lo cual la incapacitan para liderar.

Insto a todos los líderes a recordar que una sucesión efectiva será la medida vital y final de su trabajo. Investigadores que han examinado los efectos de la sucesión ejecutiva en ciento noventa y tres compañías a lo largo de diecinueve años encontraron que, del liderazgo, dependía casi la mitad de las variaciones en los márgenes de ganancia y en los precios de las acciones.[3] Así que es bueno que los miembros de directorios y los ejecutivos principales recuerden que una sucesión efectiva —decidir quién tendrá el privilegio y la responsabilidad de correr la próxima etapa en la carrera de relevos de la instancia máxima de dirección— es la más importante de sus responsabilidades.

Quizá el obstáculo más común a los buenos finales y la sucesión ordenada es la tendencia de muchos líderes a quedarse demasiado tiempo en sus puestos. Cuando era decano de la Escuela de Negocios de la Universidad de Michigan, decidí que el plazo apropiado para servir en ese cargo era de aproximadamente diez años. Así que me decidí a servir durante una década sin que nadie me disuadiera de mi plan.

Mi lógica se basaba en que la duración promedio de un decanato era de unos cinco años, un tiempo en el que, a mi juicio, la mayoría de los decanos no llegaban a cumplir los objetivos que se habían fijado. Pero también sabía de otros que se quedaron en el cargo durante quince años y más, y cuya partida fue recibida por todos los afectados con un gran suspiro de alivio. Como no existe una ciencia sobre esta materia, me gustaba la idea de liderar un tiempo suficiente como para hacer una gran diferencia —establecerme, conocer el terreno, fijarme metas, reunir un equipo y trabajar duro durante muchas horas para lograr resultados firmes— pero no por tanto tiempo como para estancarme o dejar que mi respaldo se desvaneciera. Un plazo de diez años me pareció justo, y eso fue lo que hice.

No quiero decir con esto que cualquier alto directivo deba servir durante diez años. Por el contrario, creo que resulta muy valioso ver un puesto de dirección no como una sinecura o una sentencia de duración indeterminada, sino como un período de nuestras vidas en el cual nos dedicaremos a servir con pasión, energía y entusiasmo, para luego renunciar y pasar a hacer otra cosa. De este enfoque resulta todo tipo de beneficios:

- Crea en el líder un sentimiento de urgencia para concretar muchas cosas, pues el tiempo para hacerlo es ilimitado.

- Le permite al líder marcar un paso estable, ya que conoce la distancia de la carrera.

- Deja en claro al grupo gobernante responsable de la sucesión que debe ocuparse de ella, y cuándo necesitará hacerlo.

- Mantiene el interés y el esfuerzo entre los potenciales sucesores, pues saben que no tendrán que esperar hasta nunca para tener su oportunidad y resolver su futuro.

- Demanda que el líder haga planes y se prepare para la vida después de su presente asignación. Muchos líderes sencillamente se quedan porque no saben qué podrían hacer después.

Así que debo instar a todos los líderes a crear un plan provisional de su tiempo de servicio, comunicarlo a los demás, y apegarse al plan, a menos que exista una razón compulsiva para no hacerlo. (P.D: Cambiar de opinión porque haya decidido que no quiere dejar el puesto no es una razón compulsiva. ¡No es por gusto que existen límites al mandato de los presidentes de Estados Unidos!)

En todo drama de sucesión, una vez que el polvo se ha asentado, hay siempre un ganador y muchos perdedores. O para decirlo de otra forma, hay una persona embriagada por la emoción de la victoria y varias que deben luchar con sentimientos de fracaso y desilusión.

## Cinco lecciones de la adversidad

Los investigadores han identificado cinco dificultades clave que afrontan los líderes, y las lecciones que enseñan.[4]

| Dificultad | Lecciones aprendidas |
| --- | --- |
| Revés en la carrera | Conciencia de uno mismo |
| | Políticas de la organización |
| | Lo que uno realmente quiere hacer |
| Trauma personal | Sensibilidad hacia los demás |
| | Luchar con sucesos fuera de su control |
| | Perseverancia |
| | Reconocimiento de sus limitaciones |
| Errores y fracasos empresariales | Manejo de las relaciones |
| | Humildad |
| | Cómo manejar los errores |
| Empleados problemáticos | Cómo actuar con firmeza |
| | Habilidades para confrontar |
| Reducciones | Habilidades para manejarlas |
| | Reconocimiento de lo más importante |
| | Políticas de la organización |

No necesito hablar mucho de cómo tratar el éxito: es una de las experiencias más agradables de la vida. Rara vez me he sentido mejor que en los días y semanas posteriores a que me nombraran a un cargo directivo en Cummins Engine Company, decano de la Escuela de Negocios de la Universidad de Michigan, o presidente de la Universidad de Illinois. Desde luego que ayuda el ser generoso en el triunfo y recordar que este no es el centro de las vidas de otras personas (en realidad, puede ser enojoso para algunas). La corta luna de miel tras la obtención de un importante puesto de liderazgo está llena de reafirmación, felicitaciones y optimismo. ¡Los problemas pueden esperar!

Pero, ¿y si no lo obtuviera y se viera obligado a luchar con el inevitable desencanto? Es en este punto donde entra a jugar su capacidad de recuperación.

## ASIMILE Y RECUPÉRESE

Ya usted sabe que soy fanático de Abraham Lincoln. Todo líder debe leer y memorizar su historia. Ella nos recuerda que incluso los líderes más brillantes —como él, que salvó a la Unión y puso fin a la esclavitud— sufren períodos de dudas, desaliento, decepción y fracaso. La manera en que usted consiga asimilarlos y superarlos puede muy bien marcar la diferencia entre su éxito y su fracaso como líder.

Es interesante ver cómo en los meses que siguieron a las elecciones presidenciales de 1864, sólo unos meses antes del exitoso final de la Guerra Civil, Lincoln estaba convencido de que no sería reelecto para un segundo mandato. Por entonces discutía francamente los preparativos para el traspaso a su sucesor de la Oficina Presidencial. Se sentía en extremo desalentado con respecto a sus perspectivas electorales. Muchos en su administración compartían su pesimismo. Sin embargo, Lincoln fue reelecto de manera decisiva.

¿Era Abraham Lincoln simplemente un pesimista inveterado tratando de blindarse contra la posibilidad de un revés? Quizá. Pero todo líder en un puesto de gran responsabilidad conoce esos momentos solitarios en los que uno se pregunta si alguien comprende lo que está tratando de lograr; si sus detractores y los escépticos no tendrán razón en sus incesantes críticas a sus intenciones, planes y acciones; y si estos darán fruto algún día. Si usted es un líder y no ha tenido momentos como estos, me pregunto si será porque es una de esas personas propensas a no parar nunca.

En el capítulo 3 expuse el significado y la importancia de ser un líder de probada integridad. En este, deseo recordarle la importancia de ser un líder capaz de *recuperarse*. A mi modo de ver, la integridad y la capacidad de recuperación son las dos dimensiones más importantes del carácter de un líder.

Capacidad de recuperación significa que usted seguirá avanzando aun en medio de la adversidad. Quiere decir que, aunque conoce sus dudas, tiene el valor y la seguridad en usted mismo que hacen falta para mantener el rumbo o cambiarlo sólo después de un análisis racional y una cuidadosa toma de decisiones. Significa que cuando usted experimenta un fracaso, lo admite, reflexiona sobre él, y aprende de él; que cuando se siente desencantado, lo sufre y trata de entenderlo y luego pone cara al futuro y sigue avanzando.

Permítame ponerle otro ejemplo personal.

Cuando servía como presidente interino de la Universidad de Michigan en 2002, anhelaba que me nombraran al cargo permanentemente. Adoraba la universidad y creía haber demostrado mi capacidad como líder mientras servía como decano. Todos reconocían que estaba haciendo una admirable labor como presidente interino y que, para bien o para mal, estaba enamorado de mi trabajo y del personal con que trabajaba.

Recuerdo haberle dicho por entonces a un colega muy cercano: «Bien, ya he demostrado que puedo hacer el trabajo; ¿pero podré obtener el cargo?». Al final, la respuesta fue negativa. Los regentes de la universidad seleccionaron a la doctora Mary Sue Coleman, que por entonces presidía la Universidad de Iowa, como la próxima presidenta de la Universidad de Michigan. La doctora Coleman, a quien tengo en la más alta estima, se convertía así en la primera mujer en presidir la Universidad de Michigan en sus ciento ochenta y cinco años de historia.

Esa decisión creó un momento bastante amargo en mi vida profesional. Mi mente la aceptaba, pero mi corazón no. Apenas conté con ayuda para determinar cómo manejar mis intensos sentimientos de desencanto, enojo y vergüenza por no haber sido elegido para el cargo.

Decidí encarar directamente la experiencia de mi severa desilusión, esto es, beber ese cáliz hasta el fondo, reflexionar al respecto, y hablar y escribir sobre ella en lugar de negarla, justificarla o eludirla. Lo que sigue son fragmentos de lo que dije ante los regentes y directivos de la universidad durante una cena organizada para agradecernos a mi esposa, Mary, y a mí, nuestros servicios durante la presidencia interina. Esta clase de actos pueden ser una experiencia perturbadora, incluso temible, para todos los implicados. Pero no necesariamente tiene que ser así.

### Acerca del desencanto
Intervención ante los regentes y ejecutivos
B. Joseph White
18 de julio de 2002

Es muy amable de su parte reconocernos y darnos las gracias a Mary y a mí por nuestro servicio a la universidad durante la presidencia interina.

Quiero decir esta noche unas palabras en serio acerca de un tema rara vez discutido en nuestra sociedad orientada al éxito. Se trata de la experiencia del desencanto.

No es un secreto para nadie en esta sala que me siento desencantado por no poder seguir sirviendo a la universidad como presidente en los próximos años. Pero bien, antes de que empiecen a pensar: «¡Oh, Dios mío, no puedo creer que vaya a hablar de eso!», permítanme asegurarles que mi mensaje sobre el desencanto será esencialmente positivo. Déjenme decirles que, sobre todo, un desencanto serio es una experiencia clarificadora si uno opta por asimilar plenamente la emoción y reflexionar constructivamente, en lugar de tratar de negar o de justificar.

Está, primeramente, la cuestión de cómo responder. Mientras interiorizaba que tendría que desocupar la oficina presidencial del Edificio Fleming, recordé la famosa foto aparecida en los diarios, en 1944, de un enojado y desencantado Sewell Avery, entonces presidente de la cadena de tiendas por departamentos Montgomery Ward, mientras era desalojado de su oficina por la Guardia Nacional. Avery había perdido una discusión con el gobierno federal acerca de una medida urgente de tiempos de guerra, y se había negado a abandonar su oficina. ¡Me parece que no es esta la forma correcta de actuar!

El punto crucial radica en cómo enfocar un desencanto una vez que nos invade. No hay muchas alternativas en cuanto a cómo se siente uno: hasta cierto punto son inevitables la perplejidad, el pesar, el enfado y, a veces, la vergüenza. Pero quizás sí existe oportunidad de elección en cuanto a cómo enfocarlo.

En este sentido, mi buen amigo David Gray me envió una cita tomada de un discurso inaugural que le escuchó a Stephen Covey, el autor de Los siete hábitos de las personas de alto rendimiento, en la Universidad Marquette:

*«Recuerdo que estaba entre los estantes de una biblioteca y saqué un libro en el que había tres oraciones. Me impresionaron tanto que influirían profundamente en el resto de mi vida. Eran estas: entre el estímulo y la respuesta hay un espacio. En ese espacio se encuentra la libertad y nuestro poder de escoger la respuesta. Es en esas alternativas donde radican nuestro crecimiento y nuestra felicidad.*

*»En otras palabras, entre todo lo que nos ha ocurrido y nuestra respuesta a ello radica nuestro poder para escoger nuestra reacción. No somos fundamentalmente un producto de la naturaleza ni de la crianza, somos fundamentalmente un producto de nuestras decisiones ante ellas, y podemos decidir en lo profundo de nuestras conciencias qué representa el norte verdadero, qué representa la orientación más profunda de nuestras vidas. Y si lo hacemos inspirados en un lente que tenga por punto focal a Dios, encontraremos nuestra verdadera identidad y nuestra misión».*

Ahora bien, no sé si esta teoría de las decisiones obtendrá la aprobación de los sicólogos cognitivos y neurocientíficos de la universidad. Pero presenta un concepto, que yo asumo, el de las alternativas y el libre albedrío humanos. Podemos elegir cómo pensar y reaccionar al desencanto. En los extremos, una línea de pensamiento conduce a la amargura y a un alma marchita; la otra, a la sabiduría y el crecimiento.

Si se plantea adecuadamente, el desencanto profesional, por citar un ejemplo, puede ayudar en otras formas a clarificar. Por ejemplo:

- ¿Qué es realmente importante en nuestras vidas? Para mí, nunca ha estado más claro el enorme valor del amor de la esposa y de los hijos, y el del apoyo de los amigos. En realidad, Mary y yo hemos recibido más expresiones de afecto y respeto de las que normalmente uno recibe... ¡y sin habernos muerto antes! El amor de nuestros hijos ha sido extraordinario. Por ejemplo, mi hijo decidió que lo que necesito ahora es un nuevo reto. Por eso participaré con él en una media maratón en Londres el 29 de septiembre. Me he estado entrenando bien, con magníficos beneficios físicos y para mi salud mental.

- ¿Quién soy en realidad, cuando acabo de perder una identidad profesional y la próxima aún no se ha formado? ¿Cuál será mi trabajo, mis contribuciones, mis fuentes de satisfacción y autoestima? ¿Cómo definiré el éxito? En este sentido me han inspirado las palabras de Emerson acerca de lo que significa triunfar:

*«Reír a menudo y amar mucho; ganarse el respeto de las personas inteligentes y el afecto de los hijos; ganar la aprobación de los ciudadanos honrados y*

*sobrellevar la tradición de los falsos amigos; apreciar la belleza; encontrar lo mejor en los demás; dar de uno mismo; dejar el mundo un poco mejor, bien por medio de un hijo saludable, un cantero en el jardín o una condición social redimida; haber jugado y reído con entusiasmo, y cantado con exultación; saber que al menos una vida ha alentado mejor porque uno ha vivido... en esto consiste el haber triunfado».*

El desencanto es una experiencia que nos humaniza profundamente y genera mucha empatía. Pocos seres humanos viven una existencia tan abundante y bendecida como nosotros los que hemos vivido en la segunda mitad del siglo XX en Estados Unidos de América, y tenemos una buena educación y buenos empleos. No importa cuáles sean nuestras tribulaciones o desencantos, nos contamos sin duda entre los más afortunados que jamás hayan vivido en este mundo. Lo cierto es que los desencantos, que para nosotros son raros, son rutinarios en las vidas de muchos de nuestros conciudadanos, por no hablar de los miles de millones de personas que afrontan en todo el mundo circunstancias verdaderamente difíciles e infortunadas. En nuestra sociedad se ha convertido en un chiste utilizar la expresión «Comparto tu dolor». No debería ser así.

Permítanme concluir diciendo simplemente que no deseo a ninguno de ustedes la pesadumbre del desencanto. Pero todos sabemos que ya ha ocurrido en nuestras vidas y todavía ocurrirá. Lo que sí les deseo es que puedan asimilar plenamente las emociones, meditar cuidadosamente en su reacción, triunfar sobre la amargura que puede emanar, destructivamente, del desencanto, y que tengan una rápida y exitosa recuperación.

Mary y yo les damos las gracias, una vez más, por la oportunidad de servir a nuestra Universidad.

Cuando empecé a pronunciar este mensaje y los invitados se dieron cuenta de que iba a hablar de *eso* —o sea, de que no me habían nombrado presidente— en la sala podía escucharse la caída de un alfiler. El ambiente era bastante tenso. Pero al final, para mi sorpresa, hubo un aplauso espontáneo; todos se pusieron en pie y me tributaron una larga ovación.

Los comentarios sobre esta intervención mía de algún modo le llegaron a Joann Lublin, una columnista de *The Wall Street Journal*. En abril de 2003, en su columna sobre temas profesionales, ella presentó el tema de cómo manejar el desencanto, y citó mi experiencia y mis meditaciones. Me sobrecogió un poco que la más grande decepción de mi carrera fuera a aparecer en los más de dos millones de ejemplares de este periódico tan leído. Pero accedí a que se publicara la historia por esta razón: decidí que si yo había conseguido sobreponerme exitosamente al desencanto, y eso podía ayudar siquiera a unas cuantas personas a evitar la amargura y la falta de seguridad en uno mismo que a menudo emana de esa experiencia, mi ejemplo valdría la pena.

En efecto, recibí muchas cartas después de que la columna se publicó, entre ellas una memorable, de un hombre que decía que durante veinte años se había sentido profundamente embargado por un revés en su carrera, y que después de leer la columna decidió dejar todo eso atrás y emprender un sendero positivo y constructivo. Espero que haya triunfado.

He compartido con usted mi discurso porque en esa experiencia descubrí que la manera en que manejamos las inevitables desilusiones de una larga carrera profesional dice mucho sobre quiénes somos y cuáles son nuestras probables perspectivas. El desencanto bien manejado edifica y proyecta su carácter, fomenta el respeto hacia usted, y le hace más sabio y capaz de reaccionar positivamente. Mal manejado, le disminuye y hasta podría destruirle.

Aunque muchas veces desearíamos saber qué queremos en la vida, la verdad es un poco más compleja. Es imposible saber qué es lo que realmente será mejor para nosotros. Y cuando nos esforzamos por vencer la adversidad, grandes cosas pueden suceder.

## Cómo ve el budismo el desencanto

«El maestro sostuvo un vaso y dijo: "Alguien me ha dado este vaso, y realmente me gusta. Contiene admirablemente mi agua y despide reflejos bajo la luz del sol. ¡Lo toco y tintinea! Un día el viento podría hacerlo caer de la repisa, o yo mismo de un codazo podría tirarlo de la mesa. *Sé que este vaso ya está roto*, por eso lo disfruto increíblemente"».

Achaan Chah Subato, maestro de meditación Theravandan

Sí, es cierto que anhelaba ser presidente de la Universidad de Michigan. Pero no haber obtenido el nombramiento me liberó para pasar por una experiencia profesional singularmente valiosa en Wall Street; para vivir en Manhattan un año (durante el cual mi esposa y yo devoramos Nueva York como dos chicuelos en una confitería); para correr en tres carreras de media maratón; y para escribir este libro. ¿Acaso no estaré feliz de no haberme perdido las oportunidades de hacer todo eso? Y ahora disfruto el extraordinario honor de presidir otra gran institución, la Universidad de Illinois. Para mí es un nuevo y maravilloso desafío.

Sí, he tenido buena suerte. Pero la buena suerte que sigue a la adversidad se construye sobre los cimientos de afrontar la adversidad con pie firme y prometerse seguir adelante, agradeciendo siempre lo más importante que nos da la vida.

Ahora ya sabe por qué mi mensaje para usted es: ¡Aprenda a recuperarse!

## UN PENSAMIENTO FINAL

A lo largo de los años me han preguntado cómo debe uno proceder para ser un líder con éxito. En este libro le he ofrecido una respuesta bastante completa.

Mi propio proceso de desarrollo como líder todavía continúa. Servir a la Universidad de Illinois con excelencia va a demandar todas mis capacidades, las naturales y las que he conseguido desarrollar. Y sé que no puedo hacerlo solo: demandará un gran esfuerzo en equipo.

De lo que sí estoy convencido es que voy a darlo todo.

Le deseo a usted lo mismo: un desafío maravilloso a su capacidad de liderazgo, compañeros excelentes con quienes trabajar, y un compromiso personal de aprender, crecer, y hacer su mejor esfuerzo.

Espero que este libro le haya parecido útil. Y lo que es más importante, espero que le ayude a convertirse en un gran líder, a alcanzar resultados excelentes y a realizar cambios positivos y trascendentales en su organización, cualquiera que esta sea.

¡Buena suerte! Nuestro mundo necesita su victoria.

# ENCUESTA SOBRE
# «LA NATURALEZA DE SU LIDERAZGO»

L as investigaciones han mostrado vínculos positivos entre la conciencia de sí mismo de un líder y su rendimiento.[1] Le sugerimos el siguiente cuestionario a fin de proporcionarle una perspectiva sobre la manera en que usted ve las cosas y cómo procede a la hora de tomar decisiones.

Como líder activo o en potencia, conocer sus propias preferencias puede ayudarle a identificar sus puntos fuertes, entender hacia qué clase de trabajos se inclina naturalmente, e identificar el próximo paso en su gestión por desarrollarse como líder.

## Instrucciones

Piense en las veces que ha ocupado cargos de liderazgo. Puede haber sido en entornos sociales (escolares, religiosos, organizaciones, etc.). Teniendo presente esta situación, responda a cada pregunta marcando con un número del uno al diez el espacio en blanco. Recuerde: ¡No hay respuestas correctas ni incorrectas! (NOTA: Para una puntuación automática, también puede hacer la encuesta en línea en www.thenatureofleadership.com.)

| *Muy en desacuerdo* | *Neutro* | *Muy de acuerdo* |
|:---:|:---:|:---:|
| **1** | **5** | **10** |

1. _____ Muchas veces surjo como líder de un grupo.
2. _____ La perseverancia es uno de mis puntos fuertes como líder.
3. _____ La gente me describe como un «líder considerado».
4. _____ Tengo un historial de encabezar cambios trascendentales.
5. _____ Al liderar confío a otros decisiones importantes.
6. _____ Soy un líder exigente.
7. _____ Soy ducho en materia financiera.
8. _____ Cuando tengo que tomar decisiones difíciles me distancio del problema.
9. _____ Me siento cómodo al tratar problemas éticos.
10. _____ Como líder comunico una visión motivadora.
11. _____ Dirijo con el corazón.
12. _____ Soy competitivo por naturaleza.
13. _____ La gente me describe como alguien con una notable «presencia».
14. _____ Cierta cantidad de personas me consideran su mentor en el trabajo.

15. _____ Siempre observo cuidadosamente a las personas a quienes dirijo.

16. _____ He encabezado con éxito cambios innovadores en el trabajo.

17. _____ La gente me describe como un «líder inspirado».

18. _____ Siempre utilizo los principios económicos al dirigir.

19. _____ Soy muy buen orador público.

20. _____ Asumo con frecuencia cargos de liderazgo.

21. _____ Como líder he corrido riesgos significativos que después me han recompensado.

22. _____ Siempre mantengo abierta una vacante hasta que encuentro a la persona adecuada.

23. _____ Las personas se conectan fácilmente conmigo.

24. _____ Tengo experiencia en el tratamiento de problemas éticos.

25. _____ Tengo una muy buena capacidad para la comunicación interpersonal.

26. _____ Cumplo siempre las metas ambiciosas que me fijo.

27. _____ He superado como líder grandes adversidades.

28. _____ Quienes me rodean me describen como un «pensador original».

29. _____ Estimulo siempre el crecimiento personal de aquellos a quienes dirijo.

30. _____ Tengo un fuerte deseo de autoridad.

31. _____ He analizado competentemente los informes financieros.

32. _____ La disciplina es una de mis grandes fortalezas como líder.

33. _____ Frecuentemente involucro a otros en mi toma de decisiones.

34. _____ Me describen como un líder «frío» o «distante».

35. _____ Me aseguro de que todos se lleven bien en el trabajo.

36. _____    Inspiro respeto a los demás.

37. _____    Cuando me enfrento a decisiones difíciles siempre tomo la más racional.

38. _____    La gente me describe como una persona «consciente».

39. _____    Comunico a mis seguidores una perspectiva del cuadro general.

40. _____    Como líder siempre obtengo resultados.

**¡Felicitaciones!** Ha completado la encuesta.

## CALCULE SU PUNTUACIÓN

Calcule su puntuación en cada dimensión sumando sus respuestas numeradas a las siguientes preguntas:

| Puntuación Requisitos Fundamentales | | | |
|---|---|---|---|
| Número de la pregunta: | Complete sus respuestas | Sub-dimensiones | Sumar Sub-dimensiones |
| 1. | | Deseo de autoridad | Total para Deseo de autoridad: |
| 20. | | Deseo de autoridad | |
| 30. | | Deseo de autoridad | |
| 2. | | Fortaleza | Total para Fortaleza: |
| 17. | | Fortaleza | |
| 27. | | Fortaleza | |
| 36. | | Fortaleza | |
| 9. | | Carácter | Total para Carácter: |
| 24. | | Carácter | |
| 38. | | Carácter | |
| **Total:** (Sumar las cifras) | | | |

| Puntuación Requisitos Mamíferos | |
|---|---|
| Número de la pregunta: | Complete sus respuestas abajo: |
| 3. | |
| 5. | |
| 11. | |
| 14. | |
| 19. | |
| 23. | |
| 25. | |
| 29. | |
| 33. | |
| 35. | |
| **Puntuación total:** | |

| Puntuación Requisitos Reptiles | |
|---|---|
| Número de la pregunta: | Complete sus respuestas abajo: |
| 6. | |
| 7. | |
| 8. | |
| 12. | |
| 15. | |
| 18. | |
| 31. | |
| 32. | |
| 34. | |
| 37. | |
| **Puntuación total:** | |

| Puntuación Requisitos de Gran líder | |
|---|---|
| Número de la pregunta: | Complete sus respuestas abajo: |
| 4. | |
| 10. | |
| 13. | |
| 16. | |
| 21. | |
| 22. | |
| 26. | |
| 28. | |
| 39. | |
| 40. | |
| **Puntuación total:** | |

## SU PERFIL DE LIDERAZGO

El marco utilizado en esta encuesta comprende cuatro dimensiones del liderazgo organizadas en una pirámide. La pirámide aparece mejor detallada en el libro *La naturaleza del liderazgo*, ¡pero pruebe ahora el sabor de sus tendencias naturales como líder!

Escriba sus puntuaciones en las cuatro dimensiones
(la cantidad de puntos posibles por categoría
oscila de 10 a 100)

La pirámide del liderazgo

## ¿QUÉ SIGNIFICAN SUS PUNTUACIONES?

### Sus requisitos fundamentales

Usted no puede ser un gran líder a menos que tenga un fuerte deseo de autoridad. Este deseo no es necesariamente impulsado por su ego. Por lo general nace de una convicción personal de que usted puede guiar, organizar y apoyar a otros efectivamente para lograr un objetivo: ganar un partido de béisbol, recaudar fondos, levantar una empresa o ganar una elección. Su puntuación referente a los requisitos fundamentales mide este deseo, así como otras dos cualidades que determinan sus probabilidades de éxito como líder: fuerza y carácter.

Su puntuación en _____ «Deseo de autoridad»: (de 30 posibles)

Su puntuación en _____ «Fortaleza»: (de 40 posibles)

Su puntuación en _____ «Carácter»: (de 30 posibles)

## Mamíferos frente a Reptiles

A fin de desarrollar su deseo de liderar, la pirámide del liderazgo ofrece una metáfora relacionada con los mamíferos y los reptiles. En pocas palabras, los líderes mamíferos tienden a ser cálidos y cooperativos, mientras que los líderes reptiles tienden a ser estrictos y calculadores. Recuerde que un buen liderazgo requiere equilibrar la preocupación por las personas con la concentración en lograr que el trabajo se haga. Los líderes necesitan aprender a apoyar, cooperar y confiar, así como a ser estrictos, disciplinados y competitivos. La clave estriba en saber en qué momento actuar en cada una de estas facetas, lo cual representa un gran reto para todo líder. Algo que puede ayudarle es saber que usted gravitará naturalmente hacia uno u otro estilo.

Compare sus puntuaciones como mamífero y como reptil; la más alta le indicará su estilo de liderazgo preferido, o su «inclinación natural» como líder. Por lo general, las puntuaciones más altas indican lo mejor para usted, con dos salvedades. Primero, una disparidad extrema entre sus puntuaciones mamífera y reptil puede ser una señal de que el líder es afectado por un desequilibrio. Segundo, una puntuación extremadamente alta (por ejemplo, de noventa puntos o más) también puede indicar un problema (por ejemplo, ¿demasiado calculador y controlador? ¿Demasiado flojo y sentimental?). Para sacar el máximo partido a las puntuaciones que obtuvo en la encuesta debe determinar si el perfil que surge de ellas se identifica con usted y con la manera en que otros le ven, y si resalta la clase de líder que usted desea ser.

## Preferencia por un liderazgo mamífero

Usted lidera con el corazón y gravita naturalmente hacia las personas. Entiende que son ellas las que realizan el trabajo de una organización, y que tratarlas de manera justa y humana es clave para obtener su máximo rendimiento. Otorgar poder, servir de mentor y comunicarse son sus puntos fuertes, le servirán bien en el juego del liderazgo. Pero descansar demasiado en esas habilidades puede ser una debilidad, y socavar sus esfuerzos. En el libro, preste particular atención al capítulo 4 acerca de la «Excelencia reptil»: usted puede desarrollar el estilo opuesto al suyo a fin de llegar a ser un líder más completo.

## Preferencia por un liderazgo reptil

Usted lidera mediante un pensamiento racional, sabiendo que, en lo que respecta al liderazgo, el cerebro debe gobernar al corazón. Entiende que necesita un liderazgo firme y claro —basado en decisiones calculadas y principios económicos— para que su organización sobreviva en un mercado competitivo. Este es su punto fuerte y le servirá bien en el juego del liderazgo. Pero apoyarse demasiado en estas únicas habilidades puede ser una debilidad y minar sus esfuerzos. Preste especial atención en el libro al capítulo 5 acerca de la «Excelencia mamífera»: podrá aprender sobre el estilo opuesto al suyo y aprovecharlo para convertirse en un líder más completo.

## Sus requisitos de gran líder

La clave de un gran liderazgo es realizar cambios exitosos y trascendentales. Estar en la cúspide de la pirámide presupone que usted cuenta con la habilidad para ser estricto y flexible, y que tiene los instintos y la experiencia para saber qué tratamiento requiere cada situación. Como los grandes líderes se caracterizan por hacer cambios, son también innovadores y saben correr riesgos inteligentemente. Tienen un apetito ilimitado para reclutar a las personas más talentosas y trabajar con ellas. Poseen un singular sentido de perspectiva o «vista de helicóptero». Y proyectan de sus personas un algo especial —presencia, energía, carisma—, lo que hemos denominado como «factor deslumbrante».

Trabajar en cualquiera de estas dimensiones mejorará la puntuación de sus requisitos de gran líder y su capacidad para un gran liderazgo.

\* \* \*

Ahora que ha realizado una autoevaluación, tal vez le convenga que una o más de las personas que le conocen bien complete la encuesta *acerca de usted*. Luego, compare las evaluaciones ajenas sobre su persona con la que usted mismo ha hecho. ¡Verá cómo se generan algunas discusiones interesantes!

Esperamos que haya disfrutado explorando la naturaleza de su liderazgo, y que la experiencia le haya permitido generar perspectivas de su desarrollo, a medida que avanza en su viaje como líder.

# NOTAS

## CAPÍTULO 1

1. T. J. Bouchard, D.T. Lykken, M. McGue, N.L. Segal y A. Tellegen, "Sources of Human Psychological Differences: The Minnesota Study of Twins Reared Apart", *Science* 250 (1990): pp. 223-28.

2. A. Howard, "Identifying, Assessing, and Selecting Senior Leaders", *The Nature of Organizational Leadership: Understanding the Imperatives Confronting Today's Leaders*, ed. Stephen J. Zaccaro y Richard J. Klimoski (San Francisco: Jossey-Bass, 2001), pp. 305-346.

3. M. W. McCall, hijo, y M. M. Lombardo, "Off the Track: Why and How Successful Executives Get Derailed", *Technical Report No. 21* (Greensboro, NC: Center for Creative Leadership, 1983).

4. Robert Hogan y Robert B. Kaiser, "What We Know About Leadership", *Review of General Psychology* 9, no. 2, (2005): pp. 169-80.

## CAPÍTULO 2

1. Robert R. Blake y Anne A. McCanse, *Leadership Dilemmas-Grid Solutions* (Houston: Gulf Pub. Co., 1991).

2. Patricia Sellers, "Hank Paulson's Secret Life", *Fortune Magazine* 149, no. 1 (12 enero 2004).


## CAPÍTULO 3

1. J. M. Kouzes y B. Z. Posner, *The Leadership Challenge* (San Francisco: Jossey-Bass, 1995) [*El desafío del liderazgo*] (Granica, 2005).

2. K. T. Dirks y D. L. Ferrin, "Trust in Leadership: Meta-analytic Findings and Implications for Research and Practice", *Journal of Applied Psychology* 87 (2002): pp. 611-28.


## CAPÍTULO 4

1. Para una interesante lectura sobre cómo puede nutrir el éxito a la complacencia vea: R. N. Foster y S. Kaplan, *Creative Destruction: Why Companies That Are Built to Last Underperform the Market—and How to Successfully Transform Them* (Nueva York: Currency, 2001).

2. Steven McShane y Mary Ann Von Glinow, *Organizational Behavior,* 5ta ed. (Nueva York: McGraw-Hill, 2001), pp. 399-400. Ver también Solomon E. Asch, *Social Psychologist* (Englewood Cliffs, NJ: Prentice-Hall, 1952), capítulo 16.

# CAPÍTULO 5

1. Cary Cherniss, *Beyond Burnout* (Nueva York: Routledge, 1995).

2. K. Lewin, R. Lippitt y R. K. White, "Patterns of Agressive Behavior in Experimentally Created Social Climate", *Journal of Social Psychology* 10 (1939): pp. 271-79.

# CAPÍTULO 6

1. Fariborz Damanpour, "Organizational Innovation: A Meta-Analysis of Effects of Determinants and Moderators", *Academy of Management Journal* 34, no. 3 (septiembre 1991): pp. 550-90.

# CAPÍTULO 7

1. Patricia J. Ohlott, "Job Assignments", *The Center for Creative Leadership Handbook of Leadership Development*, ed. C. D. McCauley, R. S. Moxley y E. V. Velsor (San Francisco: Jossey-Bass, 1998), capítulo 4, pp. 127-59.

2. Robert J. House y Ram N. Aditya, "The Social Scientific Study of Leadership: Quo Vadis?", *Journal of Management* 23, no. 3, (1997): pp. 409-73.

3. N. Weiner y T. A. Mahoney, "A Model of Corporate Performance as a Function of Environmental, Organizational, and Leadership Influences", *Academy of Management Journal* 10 (1981): pp. 453-70.

4. Russ S. Moxley, "Hardships", *The Center for Creative Leadership Handbook of Leadership Development,* ed. C. D. McCauley, R. S. Moxley y E. V. Velsor (San Francisco: Jossey-Bass, 1998): p. 197.

# APÉNDICE

1. A. H. Church, "Managerial Self-Awareness in High-Performing Individuals in Organizations", *Journal of Applied Psychology* 82 (1997): pp. 281-92.

# ÍNDICE

# RECONOCIMIENTOS

H e creído desde siempre en el valor de trabajar conjuntamente. Le agradezco a Yaron Prywes por asociarse conmigo
para crear este libro. Andaba buscando una persona inteligente y joven, interesada en el liderazgo, y la encontré en Yaron.

Deb Aronson fue nuestra editora e hizo valiosas contribuciones
que permitieron tener el libro listo para el editor. Siempre guardaré
gratos recuerdos de nuestras sesiones de trabajo en el solarium de
la residencia del presidente en Urbana, con Yaron al teléfono desde
Nueva York. Gracias, Deb.

Adrienne Hickey de AMACOM Books decidió publicar nuestra
obra. No existe mayor halago para un autor y su equipo. Ella aportó
una mirada fresca a nuestro manuscrito e hizo sugerencias exper-
tas que condujeron a un libro muy mejorado. Gracias, Adrienne.

Me siento sumamente honrado de que mi colega y amigo, C. K.
Prahalad, haya escrito el prólogo de este libro. C. K. es uno de los
verdaderos pensadores originales del mundo, así como un gran
maestro y consejero de líderes. Su trabajo en cuanto a la intención
estratégica, la competencia básica y la atención a la base de la pirámide ha sido revolucionario y trascendental. Gracias, C. K.

Les debo un especial agradecimiento a todos los líderes inspiradores con quienes he trabajado a lo largo de los años. Algunos de ellos, aunque no todos, han sido citados en el libro. Entre aquellos que desempeñaron un papel especial en mi desarrollo como líder figuran:

- Mi padre y mi madre, Bernie y Gena White, mi abuela, Mary Mezzetti, y mi suegra, Nancy Jean Vyerberg.

- El profesor Harry Levinson de la Escuela de Negocios de Harvard, quien me enseñó que la vida en las organizaciones se asemeja a la vida familiar, y que nuestros primeros modelos de liderazgo son nuestros propios padres.

- Los profesores Paul McCracken, Dallas Jones y Bill Hall, así como el decano Gilbert R. Whitaker y Wilbur K. Pierpont, todos de la Escuela de Negocios de la Universidad de Michigan.

- Mis asociados en la dirección de la Escuela de Negocios de la Universidad de Michigan en los años noventa, Paul Danos (actualmente decano de la Escuela Tuck en Dartmouth), Ted Snyder (hoy decano de la Escuela de Negocios para Graduados de la Universidad de Chicago), Sue Ashford (la profesora Michael and Susan Jandernoa de Organización y Administración en la Universidad de Michigan), y Brent Chrite, el actual decano asociado del Colegio Eller de Administración de la Universidad de Arizona.

- J. Irwin Miller, Henry Schacht, Jim Henderson, y Ted Marston de Cummins Engine Company, así como los miembros del directorio de Cummins, entre ellos Hanna Gray, Don Perkins, Bill Ruckelshaus y Frank Thomas.

- Los líderes de las empresas en cuyas juntas directivas sirvo, incluidos Sam Zell de Equity Residential, Terry Adderley de Kelly Services, y los Gordon: Paul, John, Dan, Jim, y John, Jr.; así como mi colega y amigo David Gray, de Gordon Food Service.

- David Alger, Ejecutivo Principal de Fred Alger Management, Inc., un legendario inversor de los años noventa y uno de los treinta y cinco miembros de la firma Alger (que incluye también a Ted Adderley, el hijo de Terry Adderley) fallecido el 11 de septiembre de 2001.

- Sheli Rosenberg y Jim Harper, colegas fideicomisarios de Equity Residential; Verne Istock y Maureen Fay, codirectores de Kelly Services; y David Bryon, Ejecutivo Principal de Domino's Pizza.

- Bill Davidson, presidente del directorio y ejecutivo principal de Guardian Industries, propietario del equipo de baloncesto Detroit Pistons, y benefactor del Instituto William Davidson.

- Mary Kay Haben, vicepresidenta primera de Kraft, y Alan Gilmour, vicepresidente jubilado de Ford Motor Company; ambos presidieron el Comité de Visitas de la Escuela de Negocios de la Universidad de Michigan.

- Grandes líderes de organizaciones no lucrativas con quienes he trabajado, entre ellos Eleanor Josaitas y el desaparecido Padre William Cunningham, cofundadores de Focus: HOPE en Detroit; Steve Mariotti, creador de la Fundación Nacional para la Enseñanza del Empresariado en Nueva York; y a todos los demás que realizan milagros a partir de la nada.

- A mis excelentes asistentes ejecutivos durante los últimos veinticinco años: Sue Bailey en Cummins, Sheryl Smith y Erika Hrabec en la Universidad de Michigan, Louise Alitto en Alger, y Kate Metz y Joyce Williams en la Universidad de Illinois.

También quiero agradecer a:

- Liz Barry del Instituto de Ciencias de la Vida en la Universidad de Michigan, y mi cuñado, Dave Decker, los cuales leyeron los primeros borradores del libro y me alentaron a continuar, y Paul Courant, ex rector de la Universidad de Michigan y uno de mis colíderes allí, que apoyó este proyecto.

- El doctor Phil Margolis, que me ha aportado su sabia orientación durante muchos años; Nick y Elena Delbanco, que me inspiraron a escribir por medio de sus escritos y su apoyo; y Marty y Nancy Zimmerman, mis maravillosos amigos en todos los sentidos.

Deseo también reconocer a mis familiares por hacer posible mi vida profesional y por el gozo que han infundido a mi vida personal; mi esposa, Mary; nuestros hijos y sus cónyuges, Brian y Leisa White y Audrey y Darren Imhoff; y mis nietos, Bernie y Hattie White.

Por último, agradezco a los miembros de la junta de fideicomisarios de la Universidad de Illinois por confiarme el liderazgo de esa gran universidad, cuya responsabilidad mayor está en sus manos: El presidente Lawrence C. Eppley; y los fideicomisarios Devon C. Bruce, Frances G. Carroll, David V. Dorris, el doctor Kenneth D. Schmidt, Niranjan S. Shah, Marjorie E. Sodemann, Robert Y.

Sperling, y Robert F. Vickrey; los estudiantes miembros de la junta en el curso 2005-2006 Shumail Alam, Carrie Bauer, y Nicholas Klitzing; así como el tesorero Lester H. McKeever, Jr. y la secretaria Michele Thompson.

B. Joseph White
Urbana, Illinois
1 de octubre 2006

# ACERCA DE LOS AUTORES

**B. Joseph White** es actualmente presidente de la Universidad de Illinois. Natural de Detroit, y criado en Kalamazoo, obtuvo su licenciatura *magna cum laude*, en la Escuela del Servicio Exterior de la Universidad de Georgetown en 1969 y una maestría en Administración de Negocios, con distinción, de la Universidad de Harvard en 1971. También obtuvo un doctorado en administración de negocios en 1975 de la Universidad de Michigan. White se incorporó al cuerpo docente de la Universidad de Michigan como profesor auxiliar de Comportamiento en las Organizaciones y Relaciones Industriales en 1975; en el curso 1978-1980 fue profesor asociado; decano asociado de la Escuela de Negocios de la U-M desde 1987 hasta 1990; decano interino en el curso 1990-1991; presidente del Instituto William Davidson de la Universidad entre 1993 y 2001; decano de la Escuela de Negocios 1991-2001; y presidente interino en 2002.

White también acumula experiencia en el sector privado, incluyendo seis años en Cummins Engine Co., Inc., 1981-1987, primero como vicepresidente a cargo del desarrollo de la gerencia y luego como vicepresidente para asuntos públicos y de personal. White es director independiente o fideicomisario de varias empresas, entre ellas Equity Residential, con sede en Chicago; Gordon Food Service; y Kelly Services. Es director del Instituto W.E. Upjohn para Investigaciones sobre el empleo. Ha presidido las juntas directivas de varias grandes organizaciones dedicadas a la salud, entre ellas el Sistema de Salud de la Universidad de Michigan, el Hospital St. Joseph en Ann Arbor, y el Sistema de Salud Catherine McAuley. Actualmente es miembro de la junta directiva del Consejo Estadounidense de Educación.

El señor White ha escrito, ha enseñado y ha dictado conferencias sobre liderazgo, dirección, y problemas de las organizaciones. Él y su esposa, Mary, son los padres de dos hijos adultos y tienen dos nietos.

**Yaron Prywes** es en la actualidad consultor para organizaciones de GHL Global Consulting, LLC, y estudia para obtener un doctorado en psicología social y de las organizaciones en la Universidad de Columbia. El señor Prywes obtuvo su licenciatura en la Universidad de Michigan, donde se especializó en política del Medio Oriente, y tiene a su haber una maestría en Psicología de las Organizaciones de Teachers College, también en la Universidad de Columbia. Es experto en cambios estratégicos en las organizaciones, con particular énfasis en el liderazgo, la diversidad y la creación de equipos. Reside en la ciudad de Nueva York.

# ANOTACIONES

www.ingramcontent.com/pod-product-compliance
Ingram Content Group UK Ltd.
Pitfield, Milton Keynes, MK11 3LW, UK
UKHW031124120325
456135UK00006B/131